El Arte de Cocinar a Fuego Lento

Recetas reconfortantes para cocinar sin prisas

Ana Rodríguez

Tabla de contenido

Prosciutto para untar de rico sabor 11

Las mejores albóndigas de cóctel 12

Aperitivo de carne picante 13

Bocaditos De Pita De Pollo 15

Polenta Cremosa Con Pimiento Asado 17

Polenta al Ajillo con Cebolla Amarilla 18

Torta de Arroz con Espinacas y Queso 20

Verduras picantes picantes 22

Alcachofas Saludables con Salsa de Limón 24

Deliciosos bocadillos de anacardos 25

Anacardos De Miel Al Curry 27

Party Pepper Almendras 29

Mezcla de fiesta al curry 31

Nueces de soja especiadas y semillas de calabaza 33

Mezcla crocante de colores 35

Salsa para mojar al estilo indio 37

Salsa de alcachofa favorita de la fiesta 38

Dip de alcachofas y espinacas 39

Salsa de pepperoni con queso 41

Mix de Cereales con Cacahuetes 42

Taquitos De Pollo Calientes Y Crujientes 44

Mezcla de cóctel de mamá 46

Nueces y anacardos confitados 48

Piñones y pecanas glaseadas con azúcar 50

Mezcla de Granola y Frutas 52

Mezcla caliente para fiestas 54

Mezcla de bocadillos de cereales y nueces 56

Salsa para pizza de verano 58

Dip De Queso Estilo Italiano 59

Salsa de res con chucrut 60

Dip tibio de carne seca 61

Dip De Pimiento Asado Y Ajo 62

Dip caliente de frijoles con queso 63

Deliciosa salsa para mojar con chile 65

Aperitivo de frijoles con tres quesos 67

Queso Fundido Mexicano 68

Salsa fácil para mojar mariscos 69

Deliciosa salsa para mojar salmón 70

Fondue Romántica de Queso 71

Alitas de fiesta de miel 72

Fondue para fiestas 73

Albóndigas De Gelatina De Grosella Roja 75

Dip De Maíz Jalapeño Y Queso 76

Salsa para mojar frijoles picantes 78

Albóndigas De Tomate Salsas 79

Albóndigas de Pavo con Salsa de Pimentón 81

Albóndigas estofadas con cerveza 83

Salchichas de cóctel picantes 84

Las mejores salchichas de cóctel 85

Deliciosa mezcla de bocadillos de cereales 86

Pacanas Ahumadas Fáciles 88

Merienda fácil de verano 90

Mezcla de nueces cajún 91

Pacanas de fiesta especiadas 92

Canela Vainilla Nueces 93

Nueces mixtas al curry 94

Mezcla de bocadillos de chile y miel 95

Salsa para mojar fácil de Velveeta 96

Aperitivo a la Mexicana 97

Paté de hígado de pollo a la antigua 99

Paté de salmón ahumado 100

Paté de lentejas vegetariano 101

Aperitivo Albondigas Con Salsa Barbacoa 102

Chutney de piña caliente 104

Salsa para mojar frijoles negros 105

Dip caliente de frijoles de maíz 107

Salsa para mojar rica en vegetales 109

Dip De Berenjenas Con Tahini Y Queso 111

Dip De Mariscos Y Alcachofas 113

Pacanas con cobertura de almíbar 114

Compota de moras de la abuela 115

Mantequilla de pera favorita 116

Pastel De Mantequilla De Plátano Con Coco Y Almendras 117

Tarta campestre de manzana con nueces 119

Pastel de pudín de dátiles 121

Sándwiches De Filete De Queso 123

Mocosos de Cerveza con Champiñones y Cebolla 125

Sándwiches deliciosos de salchicha y chucrut 127

Cazuela De Salchicha Navideña 129

Cazuela de salchicha durante la noche 131

Las mejores albóndigas de cóctel 133

Aperitivo de carne picante 134

Bocaditos De Pita De Pollo 136

Jugosas alitas de pollo a la naranja 138

Drumettes de pollo sabroso 140

Bocaditos de Kielbasa con salsa de tomate y mostaza 142

Increíbles bocados de campo 143

Dulces bocados calientes 144

Salchicha ahumada picante 145

Bocadillo de salchicha con queso y mini pitas 147

Dip De Salchicha De Tomate Y Pimienta 149

Bocaditos De Salchicha Ahumada De Fiesta 151

Bocados de fiesta picantes de verano 152

Aperitivo Salchichas Salsas 153

Salsa Chipotle Kielbasa 154

Albóndigas de aperitivo calientes y picantes 156

Queso de fiesta favorito 158

Dip delicioso del Super Bowl 160

Dip para complacer a la multitud de mamá 162

Dip delicioso del día del juego 164

Dip De Tomate Secado Al Sol 165

Dip De Carne Molida Y Queso De Aceitunas 167

Aperitivo De Champiñones Con Salsa De Cerveza ... 168

Aperitivo de champiñones picantes con hierbas ... 169

Pastel de queso a la antigua ... 170

Budín de pan con higos y cerezas ... 172

Budín de pan con nueces y frutas ... 174

Dulce de melocotón de verano ... 176

Pastel De Mantequilla De Plátano Con Coco Y Almendras ... 178

Tarta campestre de manzana con nueces ... 180

Pastel de pudín de dátiles ... 182

Pastel de café con naranja de la abuela ... 184

Compota de invierno favorita ... 186

Compota de frutos secos todos los días ... 188

Pastel de Zanahoria con Avellanas y Pasas Doradas ... 190

Bizcocho De Jengibre Y Nueces ... 192

Pastel de pan de jengibre de invierno ... 194

Puré de manzana genovés con glaseado de mantequilla ... 196

Pastel de mantequilla de maní con chocolate fácil ... 198

Delicioso Postre Streusel De Manzana ... 200

Pudín de pastel de calabaza de vacaciones ... 202

Pastel de Cacao con Helado de Vainilla ... 203

Pastel de cereza fácil todos los días ... 205

Caramelo De Chocolate Con Almendras Y Pecanas 206

Salsa De Manzana Con Pecanas 207

Delicia familiar de avena y manzana 208

Bananas Foster con Helado de Vainilla 210

Manzanas especiadas con grosellas 211

Zapatero de manzana y nuez 212

26. Zapatero de cerezas con natillas 213

Pastel de melocotón de verano 215

Peras con salsa de miel del país 216

Prosciutto para untar de rico sabor

(Listo en aproximadamente 3 horas | Porciones 16)

Ingredientes

- 1/3 libra de prosciutto, picado
- 2 libras de queso cheddar, rallado
- 1 chile poblano, picado
- 1 cucharadita de cebolla en polvo
- 1 cucharadita de ajo en polvo
- 1 cucharadita de mostaza
- 1 taza de crema agria
- 1 taza de queso crema
- 1 taza de mayonesa

Direcciones

1. Ponga todos los ingredientes en la olla de barro.
2. Cubrir; calienta de 2 a 3 horas a temperatura baja.
3. Sirva con palitos de apio o palitos de pan.

Las mejores albóndigas de cóctel

(Listo en aproximadamente 4 horas | Porciones 8)

Ingredientes

- 1 lata (16 onzas) de salsa de arándanos entera
- 1 ½ taza de salsa de chile
- Sal al gusto
- 2 hojas de laurel
- 27 onzas de chucrut, sin escurrir
- 1 taza de agua
- 1/2 taza de azúcar moreno
- 1 paquete (16 onzas) de albóndigas

Direcciones

1. En un tazón, combine la salsa de arándanos, la salsa de chile, la sal, las hojas de laurel, el chucrut, el agua y el azúcar moreno. Mezcle bien para combinar.
2. Luego, vierta la salsa y las albóndigas en la olla de barro; revuelve de nuevo.
3. Cocine tapado durante 4 horas. Servir con palitos de cóctel.

Aperitivo de carne picante

(Listo en unos 40 minutos | Porciones 8)

Ingredientes

- Aceite en aerosol antiadherente
- 2/3 taza de leche
- 1 libra de carne molida magra
- 2-3 dientes de ajo picados
- 1 cucharada de salsa tamari
- 1/4 taza de salsa Worcestershire
- 1/2 cucharadita de pimienta negra molida
- 1 cucharadita de cebolla en polvo
- 1 taza de pasta de tomate
- 1/2 taza de azúcar moreno

Direcciones

1. Comience precalentando el horno para asar. Cubra una asadera con spray antiadherente para cocinar.

2. En un tazón, combine la leche, la carne molida, el ajo, la salsa tamari, la salsa Worcestershire, la pimienta negra y la cebolla en polvo. Enrolle la mezcla en albóndigas.

3. Coloque las albóndigas en una asadera. Ase a la parrilla unos 10 minutos, o hasta que las albóndigas estén bien cocidas.

4. En un tazón, mezcle la pasta de tomate y el azúcar moreno. Transfiera la mezcla a la olla de barro. Agregue las albóndigas asadas.

5. Cocine las albóndigas durante unos 30 minutos a temperatura alta. Transferir a un plato de servir.

Bocaditos De Pita De Pollo

(Listo en aproximadamente 7 horas | Porciones 6)

Ingredientes
- 3 cucharadas de aceite de oliva
- 1 cebolla grande, picada
- 2 dientes de ajo, picados
- 1 cucharadita de semillas de apio
- 1 cucharadita de pimienta de Jamaica
- 1/2 cucharadita de canela
- 1 cucharadita de pimentón
- 1 libra de pollo, en cubos
- 1 ½ tazas de caldo de pollo
- 1 cucharada de vinagre de sidra de manzana
- Sal al gusto
- 6 pan pita

Direcciones

1. En una sartén pesada, caliente el aceite de oliva; saltee la cebolla y el ajo hasta que la cebolla esté tierna.

2. Agregue las semillas de apio, la pimienta de Jamaica, la canela y el pimentón. Cocine unos minutos, revolviendo con frecuencia.

3. Mezcle bien y cocine unos minutos más.

4. Coloque el pollo en la olla de barro. Vierta la mezcla de cebolla especiada sobre ella.

5. Vierta el caldo de pollo; agregue vinagre y sal. Cubra con la tapa y deje que se cocine lentamente durante 7 horas a temperatura baja.

6. Tostar las pitas unos 10 minutos o hasta que estén crujientes. Corta las pitas en gajos pequeños. Servir con pollo cocido.

Polenta Cremosa Con Pimiento Asado

(Listo en aproximadamente 1 hora y 30 minutos | Porciones 6)

Ingredientes

- 1 taza de harina de maíz amarillo
- 2 ½ tazas de agua
- 2 cucharadas de mantequilla
- Sal al gusto
- 1/4 cucharadita de pimienta negra molida
- 1/3 taza de pimiento rojo asado picado grueso
- 1/2 taza de queso parmesano, rallado

Direcciones

1. Mezcle la harina de maíz y el agua en una olla de barro; tape y cocine a temperatura alta durante 1 hora y media; necesita revolver una vez después de 45 minutos.

2. Agregue los ingredientes restantes durante los últimos 15 minutos de tiempo de cocción.

3. Sirva con un poco de mantequilla extra y pimentón si lo desea.

Polenta al Ajillo con Cebolla Amarilla

(Listo en aproximadamente 1 hora y 30 minutos | Porciones 6)

Ingredientes

- 1 cucharada de aceite de oliva
- 1/4 taza de cebolla amarilla, finamente picada
- 5 dientes de ajo
- 3/4 taza de harina de maíz amarilla
- 2 tazas de agua
- 2 cucharadas de margarina
- Sal al gusto
- 1 cucharadita de hojas secas de albahaca
- 1/4 cucharadita de pimienta negra molida

Direcciones

1. En una sartén pequeña de hierro fundido, caliente el aceite de oliva a fuego medio-bajo. Saltee la cebolla y el ajo de 2 a 3 minutos o hasta que la cebolla esté tierna y el ajo esté ligeramente dorado y fragante.

2. Combine la harina de maíz amarilla y el agua en una olla de barro; cubra y cocine a fuego alto durante aproximadamente 1 ½ horas; revuelva una vez después de 45 minutos.

3. Añadir la cebolla y el ajo salteados así como el resto de ingredientes durante los últimos 30 minutos de cocción. Servir caliente con queso de cabra o queso azul.

Torta de Arroz con Espinacas y Queso

(Listo en aproximadamente 3 horas | Porciones 6)

Ingredientes

- 1 taza de arroz basmati, cocido hasta que esté al dente
- 1 cucharada de mantequilla
- 1 ½ taza de espinacas congeladas, descongeladas y exprimidas
- 2 huevos grandes, ligeramente batidos
- 1/2 taza de cebolla, cada una: finamente picada
- 2 tomates ciruela, cortados en cubitos
- 3/4 taza de queso mozzarella, rallado
- 1/2 cucharadita de sal
- 1/8 cucharadita de pimienta
- Aceitunas negras curadas en aceite, como guarnición

Direcciones

1. En un tazón, combine el arroz, la mantequilla, la espinaca y los huevos; mezcle bien para combinar. Vierta en un molde de resorte engrasado.

2. Agregue los ingredientes restantes, excepto las aceitunas. Coloque su molde de resorte en la rejilla de su olla de barro.

3. Tape y cocine a fuego lento unas 3 horas o hasta que cuaje.

4. Cortar en 6 gajos; servir con aceitunas.

Verduras picantes picantes

(Listo en aproximadamente 3 horas | Porciones 6)

Ingredientes

- 2 cucharadas de aceite de oliva
- 1 pimiento rojo, en rodajas
- 1 pimiento verde, en rodajas
- 1 pimiento amarillo, en rodajas
- 2 calabacines medianos, en rodajas
- 1 patata grande, pelada y cortada en cubitos
- 1 cebolla amarilla, en rodajas
- 5-6 dientes de ajo, pelados
- 1 cucharadita de sal marina
- 1 cucharadita de hojas secas de albahaca
- 1 cucharadita de orégano de aceitunas secas
- 1/2 cucharadita de tomillo seco
- 1/2 cucharadita de pimienta negra molida
- 1 taza de caldo de verduras

Direcciones

1. Engrasa tu olla de barro con aceite de oliva. Agregue las verduras y espolvoree con especias. Vierta el caldo de verduras.

2. Cocine 3 horas a temperatura alta, revolviendo cada hora.

3. Sirva caliente como una cena sana y ligera. También puede servir con su plato principal de carne favorito.

Alcachofas Saludables con Salsa de Limón

(Listo en aproximadamente 3 horas | Porciones 8)

Ingredientes

- 8 alcachofas
- 3 tazas de agua
- 1 ½ cucharadita de sal marina
- 1/2 cucharadita de pimienta blanca
- 1/4 taza de jugo de limón fresco
- Queso crema como guarnición

Direcciones

1. Recorta las alcachofas cortándoles los tallos; luego, corte 1 pulgada de la parte superior. Transferir a la olla de barro. Vierta 3 tazas de agua.

2. En un tazón, combine la sal, la pimienta y el limón. Vierta en la olla de barro.

3. Cubra con una tapa y cocine a fuego alto durante unas 3 horas.

4. ¡Sirve con queso crema y disfruta!

Deliciosos bocadillos de anacardos

(Listo en aproximadamente 2 horas y 30 minutos | Porciones 24)

Ingredientes
- 6 tazas de anacardos
- 3 cucharadas de mantequilla, derretida
- 1 cucharada de azúcar moreno
- Una pizca de sal
- 2 cucharadas de tomillo seco
- 3 cucharadas de hojas de romero secas
- 3/4 cucharadita de pimentón
- 1/2 cucharadita de cebolla en polvo
- 1/2 cucharadita de ajo en polvo

Direcciones

1. Caliente su olla de barro a fuego alto durante 15 minutos; luego agregue los anacardos. Rocíe mantequilla derretida sobre los anacardos.

2. Espolvorea los anacardos con las especias combinadas y revuelve.

3. Cubra con una tapa y cocine a fuego lento aproximadamente 2 horas, revolviendo cada hora.

4. Luego, destape y cocine 30 minutos más, revolviendo ocasionalmente.

5. Servir fresco o a temperatura ambiente.

Anacardos De Miel Al Curry

(Listo en aproximadamente 2 horas y 30 minutos | Porciones 24)

Ingredientes
- 3 tazas de anacardos, enteros
- 1 cucharada de sal marina
- 1 cucharada de miel
- 1 cucharadita de hojuelas de pimiento rojo, trituradas
- 2 cucharadas de curry en polvo
- 2 cucharadas de agua
- 1 cucharadita de aceite de oliva

Direcciones

1. Ponga una olla de barro a fuego alto y agregue los anacardos.

2. Agregue los ingredientes restantes y revuelva para combinar.

3. Cocine a fuego lento durante unas 2 horas, revolviendo cada hora. Destape y cocine 30 minutos adicionales, revolviendo ocasionalmente. Atender.

Party Pepper Almendras

(Listo en aproximadamente 2 horas y 30 minutos | Porciones 24)

Ingredientes
- 6 tazas de almendras enteras
- 4 cucharadas de margarina, derretida
- 1/2 cucharadita de cúrcuma
- 1 cucharadita de ajo en polvo
- 1 cucharadita de granos de pimienta negra o roja molida
- 1 cucharadita de pimienta verde molida

Direcciones

1. Caliente una olla de barro a temperatura alta durante 15 minutos; luego, agregue las almendras.

2. Rocíe la margarina derretida sobre las almendras y mezcle para combinar; espolvorea con cúrcuma, ajo en polvo y granos de pimienta; tirar de nuevo. Baje el fuego a bajo; cocinar tapado 2 horas; revuelva cada 30 minutos.

3. Luego, aumente el fuego a alto; destape y cocine 30 minutos más, revolviendo cada 15 minutos.

4. Puede almacenar la merienda en un recipiente sellado hasta por 3 semanas.

Mezcla de fiesta al curry

(Listo en aproximadamente 2 horas y 30 minutos | Porciones 24)

Ingredientes
- 1 taza de nueces
- 1 taza de almendras
- 1 taza de maní
- 1 taza de semillas de girasol sin cáscara
- 4 cucharadas de margarina, derretida
- 2 cucharadas de azúcar
- 1 cucharada de curry en polvo
- 1 cucharadita de ajo en polvo
- 1 cucharadita de pimienta de Jamaica molida

Direcciones

1. Ponga la olla de barro a temperatura alta durante 15 minutos; agregue nueces y semillas.

2. Rocíe la margarina y revuelva para cubrir;

3. Agregue los ingredientes restantes combinados. Cubra y cocine a fuego lento durante aproximadamente 2 horas; revuelva cada 20 minutos.

4. Encienda el fuego a alto; retire una tapa y cocine 30 minutos más, revolviendo después de 15 minutos.

5. Puede almacenar este refrigerio en un recipiente sellado hasta por 3 semanas.

Nueces de soja especiadas y semillas de calabaza

(Listo en aproximadamente 2 horas y 30 minutos | Porciones 24)

Ingredientes

- 4 cucharadas de mantequilla, derretida
- 5 tazas de nueces de soya tostadas
- 1 taza de semillas de calabaza sin cáscara
- 2 cucharadas de azúcar
- 1 cucharada de cúrcuma en polvo
- 1 cucharada de albahaca
- 1 cucharadita de hojuelas de pimiento rojo
- Sal marina, al gusto

Direcciones

1. Caliente una olla de barro a fuego alto durante 15 minutos.

2. Rocíe la mantequilla sobre las nueces de soya y las semillas de calabaza; revuelva para cubrir.

3. Espolvorea con los ingredientes restantes combinados, tapa y cocina a fuego lento durante 2 horas, revolviendo cada 15 minutos.

4. Luego aumente el fuego a alto; destape y cocine por 30 minutos, revolviendo después de 15 minutos.

Mezcla crocante de colores

(Listo en aproximadamente 2 horas | Porciones 10)

Ingredientes
- 1/2 taza de maní tostado
- 1 taza de palitos de sésamo
- 3 tazas de cuadritos de cereal de arroz
- 1/2 taza de guisantes wasabi
- 2 cucharadas de mantequilla, derretida
- 1 cucharada de salsa de soja
- 1 cucharadita de pimentón
- 1 cucharada de curry en polvo
- Azúcar al gusto
- Sal marina, al gusto

Direcciones

1. Caliente la olla de barro a temperatura alta durante 15 minutos; agregue maní, palitos de sésamo, cereal de arroz y guisantes wasabi.

2. Rocíe la mezcla con mantequilla combinada y salsa de soya y revuelva.

3. A continuación, espolvorea la mezcla con pimentón, curry en polvo, azúcar y sal; tirar de nuevo.

4. Cocine a temperatura alta durante 1 ½ horas, revolviendo cada 30 minutos. Servir tibio o a temperatura ambiente.

Salsa para mojar al estilo indio

(Listo en aproximadamente 2 horas | Porciones 10)

Ingredientes
- 1 libra de queso crema
- 2 tazas de queso fuerte, rallado
- 2-3 dientes de ajo picados
- 1/2 taza de chutney de mango picado, cantidad dividida
- 1/3 taza de cebolla dulce, finamente picada
- 1/4 taza de Sultanas
- 1–2 cucharaditas de curry en polvo
- Palitos de verduras, como guarnición

Direcciones
1. Coloque el queso crema y el queso fuerte en una olla de barro; tapar y cocinar unos 30 minutos.
2. Luego, agregue los ingredientes restantes, excepto los palitos de vegetales; cubra y cocine de 1 a 1 ½ horas.
3. ¡Sirve con tu palito de vegetales favorito y disfruta!

Salsa de alcachofa favorita de la fiesta

(Listo en aproximadamente 1 hora y 30 minutos | Porciones 16)

Ingredientes

- 1/2 taza de queso crema, temperatura ambiente
- 1/2 taza de queso fuerte, rallado
- 2 tazas de corazones de alcachofa enlatados, escurridos y picados
- 1/2 taza de mayonesa
- 1 cucharadita de jugo de limón
- 1-2 cebollas verdes, en rodajas
- 1/2 cucharadita de sal marina
- 1 cucharadita de pimienta de cayena
- Cazos: palitos de pan

Direcciones

1. Derrita el queso en una olla de barro durante unos 30 minutos.
2. Agregue los ingredientes restantes, excepto los cazos; cubra y cocine de 1 a 1 ½ horas.
3. ¡Sirva con cazos como palitos de pan y disfrute!

Dip de alcachofas y espinacas

(Listo en aproximadamente 1 hora y 30 minutos | Porciones 16)

Ingredientes
- 1/2 taza de Pecorino Romano, rallado
- 1/2 taza de queso crema, temperatura ambiente
- 1/2 taza de camarones, picados
- 2 tazas de corazones de alcachofa enlatados, escurridos y picados
- 1/4 taza de pimiento rojo asado, picado
- 1/2 taza de crema agria
- 2 cucharadas de mayonesa
- 1 cucharadita de jugo de limón
- 1/2 taza de cebolletas, en rodajas
- 1/2 cucharadita de sal marina
- 1 cucharadita de pimienta de cayena
- Cucharones: galletas saladas

Direcciones

1. Coloque el queso en una olla de barro y cocine unos 30 minutos.

2. Luego, agregue los ingredientes restantes, excepto las galletas saladas; cocinar aproximadamente 1 hora.

3. Servir con galletas saladas.

Salsa de pepperoni con queso

(Listo en aproximadamente 2 horas | Porciones 10)

Ingredientes
- 1 taza de queso crema
- 1/2 taza de cebolletas, picadas
- 1 ½ tazas de queso suizo, rallado
- 1/2 taza de pepperoni, picado
- 1 cucharadita de semillas de mostaza
- 1/4 cucharadita de pimentón
- 3/4 taza de leche entera
- Cebollino fresco picado para decorar
- Cazos: palitos de pan

Direcciones
1. Coloque los quesos en la olla de barro y cocine unos 30 minutos.
2. Agregue los ingredientes restantes, excepto las cebolletas y los cazos.
3. Tape y cocine alrededor de 1 ½ horas. Espolvorear con cebollino picado y servir con palitos de pan.

Mix de Cereales con Cacahuetes

(Listo en aproximadamente 3 horas | Porciones 12)

Ingredientes
- 5 tazas de cereal de maíz
- 4 tazas de cereal de arroz
- 2 tazas de pretzels
- 1 taza de cereal de desayuno de elección
- 1 taza de maní
- 1/3 taza de mantequilla, derretida
- Una pizca de pimienta negra
- 1 cucharadita de ajo en polvo
- 1/2 cucharadita de pimienta de Jamaica
- 1 cucharada de sal sazonada
- 1/4 taza de salsa Worcestershire

Direcciones

1. En su olla de barro, coloque cereales de maíz, cereales de arroz, pretzels, cereales para el desayuno y cacahuetes.

2. Para hacer la salsa: en un tazón mediano o una taza medidora, combine los ingredientes restantes. Mezcle bien para combinar.

3. Rocíe la salsa sobre la mezcla de cereales y nueces. Mezcle para combinar.

4. Cubrir con una tapa; Cocine a fuego lento durante 3 horas, revolviendo cada 1 hora. Puede almacenar este increíble refrigerio en un recipiente sellado hasta por 3 semanas.

Taquitos De Pollo Calientes Y Crujientes

(Listo en aproximadamente 8 horas y 15 minutos | Porciones 8)

Ingredientes

- 1 ½ tazas de queso crema
- 1/2 taza de agua
- 4 pechugas de pollo medianas
- 3 jalapeños, picados en trozos grandes
- 1/2 cucharadita de cebolla en polvo
- 1/2 cucharadita de ajo en polvo
- 1 cucharadita de sal
- 16 tortillas de harina del tamaño de un taco
- 1 ½ tazas de jack de Monterrey, rallado
- 1/2 taza de queso mezcla mexicana
- Aderezo de diosa verde al gusto

Direcciones

1. Agregue queso crema, agua, pollo, jalapeños, cebolla en polvo, ajo en polvo y sal a una olla de barro. Tape y cocine a fuego lento durante 8 horas.

2. Mientras tanto, precaliente el horno a 425 grados F; engrase una bandeja para hornear galletas con aceite en aerosol antiadherente.

3. Corte el pollo cocido en tiras con las pinzas trituradoras o dos tenedores. Retire a la olla de barro. Revuelve para combinar.

4. Luego, caliente las tortillas de harina en el microondas para ablandarlas.

5. Coloque el queso en cada tortilla. Cubra con 3 cucharadas de mezcla de pollo.

6. Enrolle las tortillas rellenas en taquitos en forma de tronco. Hornea los taquitos en horno precalentado por 15 minutos. ¡Sirve con aderezo diosa verde y disfruta!

Mezcla de cóctel de mamá

(Listo en aproximadamente 3 horas | Porciones 12)

Ingredientes
- 9 tazas de cereal de arroz
- 1 taza de almendras
- 1 taza de piñones
- 1 taza de maní
- 1/3 taza de margarina, derretida
- Pimienta de cayena, al gusto
- Pimienta negra, al gusto
- 1/2 cucharadita de cebolla en polvo
- 1/2 cucharadita de ajo en polvo
- 1/2 cucharadita de nuez moscada rallada
- 1 cucharada de sal sazonada
- 1/4 taza de salsa Worcestershire
- 2 cucharadas de salsa tamari

Direcciones

1. En una olla de barro, coloque el cereal de arroz, las almendras, los piñones y los cacahuates.

2. Para hacer la salsa, en un tazón, combine el resto de los ingredientes. Batir bien para combinar.

3. Rocíe la salsa sobre la parte superior de la mezcla en la olla de barro. Mezcle para cubrir bien.

4. Luego, cocine a fuego lento durante 3 horas a fuego lento, revolviendo cada 1 hora. Mantener en un lugar fresco y seco hasta por 3 semanas.

Nueces y anacardos confitados

(Listo en aproximadamente 3 horas | Porciones 10)

Ingredientes

- 2 tazas de anacardos
- 2 tazas de nueces
- 1 ½ taza de azúcar
- 1 cucharada de canela molida
- 1 clara de huevo
- 1 cucharadita de extracto puro de almendras
- 1/4 taza de agua

Direcciones

1. Coloque los anacardos y las nueces en una olla de barro preparada con spray antiadherente para cocinar.

2. En un tazón, mezcle el azúcar y la canela. Espolvorear sobre las nueces.

3. En otro bol, bate la clara de huevo con el extracto de almendras hasta que se ponga espumoso.

4. Cocine tapado durante 3 horas a temperatura baja, revolviendo cada 15-20 minutos. Vierta agua en la olla de barro durante los últimos 20 minutos.

5.Extienda las nueces confitadas en un papel pergamino para que se enfríen durante 20 minutos.

Piñones y pecanas glaseadas con azúcar

(Listo en aproximadamente 3 horas | Porciones 10)

Ingredientes

- Aerosol para cocinar con sabor a mantequilla
- 2 tazas de piñones
- 2 tazas de nueces en mitades
- 3/4 cucharadita de polvo de cinco especias
- 1 taza de azúcar
- 1/2 taza de azúcar en polvo
- 1 cucharadita de canela molida
- 1 clara de huevo
- 1 cucharadita de vainilla
- 1/4 taza de agua

Direcciones

1. Coloque los piñones y las nueces en una olla de barro preparada con aceite en aerosol antiadherente.

2. En un tazón, mezcle el polvo de cinco especias, el azúcar, el azúcar en polvo y la canela. Espolvorea esta mezcla sobre las nueces en la olla de barro.

3. En un recipiente para mezclar aparte, bata la clara de huevo con la vainilla hasta que se vuelva espumosa.

4. Cocine 3 horas a fuego lento, revolviendo cada 20 minutos. Vierta agua en la olla de barro durante los últimos 20 minutos de tiempo de cocción.

5. Extienda los piñones y las nueces en una bandeja para hornear galletas para que se enfríen durante 20 minutos.

Mezcla de Granola y Frutas

(Listo en aproximadamente 1 hora y 30 minutos | Porciones 16)

Ingredientes

- 3 tazas de granola
- 2 tazas de mini giros de pretzel
- 1/2 taza de palitos de sésamo, partidos por la mitad
- 2 tazas de arándanos, picados en trozos grandes
- 1 taza de arándanos, picados en trozos grandes
- Aerosol para cocinar con sabor a mantequilla
- 1/2 cucharadita de nuez moscada molida
- 1 cucharadita de canela molida
- 1 cucharadita de azúcar moreno

Direcciones

1. Caliente su olla de barro a temperatura alta durante 15 minutos; agregue granola, pretzel, palitos de sésamo, arándanos y arándanos.

2. Rocíe la mezcla generosamente con aceite en aerosol con sabor a mantequilla y revuelva; espolvorea con nuez moscada, canela y azúcar, y revuelve para cubrir.

3. Cocine a temperatura alta durante 1 ½ horas, revolviendo cada 30 minutos.

Mezcla caliente para fiestas

(Listo en aproximadamente 1 hora y 30 minutos | Porciones 16)

Ingredientes
- 2 tazas de galletas
- 4 tazas de chips de pita horneados
- 1/2 taza de almendras
- 1 taza de trozos de piña seca
- Salsa picante de pimiento rojo, al gusto
- Aerosol para cocinar con sabor a mantequilla
- 1 cucharadita de chile en polvo
- 1 cucharadita de pimentón ahumado
- 1 cucharadita de hojas de orégano seco
- 1 cucharadita de hojas de salvia secas
- Una pizca de pimienta negra molida

Direcciones

1. Ponga una olla de barro a temperatura alta durante 15 minutos; agregue galletas saladas, chips de pita, almendras, trozos de piña seca y salsa de pimiento rojo. Engrasa generosamente la mezcla con el aceite en aerosol; tirar para cubrir

2. Espolvorear con hierbas y especias combinadas. Mezcle para cubrir uniformemente.

3. Retire una tapa de la olla de barro; cocina a temperatura alta durante 1 ½ horas, revolviendo cada 20 minutos.

Mezcla de bocadillos de cereales y nueces

(Listo en aproximadamente 1 hora y 30 minutos | Porciones 16)

Ingredientes
- 2 tazas de cereal de avena
- 3 tazas de cereal de arroz
- 1 taza de palitos de sésamo
- 1 ½ tazas de pretzels goldfish
- 1 taza de nueces, partidas a la mitad
- 1 taza de almendras
- 1 taza de nueces
- 1/2 taza de semillas de calabaza
- 1 cucharadita de sal marina
- 1/2 cucharadita de ajo en polvo
- 1/4 taza de mantequilla, derretida
- 3 cucharadas de salsa Worcestershire
- 1 cucharadita de salsa picante

Direcciones

1. Ponga una olla de barro a temperatura alta durante unos 15 minutos. Agregue cereal de avena, cereal de arroz, palitos de sésamo, pretzels, nueces, almendras, nueces y semillas de calabaza.

2. Rocíe los ingredientes restantes sobre la mezcla en la olla de barro.

3. Cocine a temperatura alta durante 1 ½ horas, revolviendo cada 30 minutos.

Salsa para pizza de verano

(Listo en aproximadamente 1 hora y 30 minutos | Porciones 12)

Ingredientes

- 2 tazas de queso mozzarella, rallado
- 1 libra de queso procesado, en cubos
- 1/3 taza de aceitunas maduras, en rodajas
- 1 ½ tazas de salsa para pizza
- 1 cucharada de mezcla de condimentos italianos
- 1 taza de salami, picado
- Cucharones: chips de tortilla

Direcciones

1. Coloque el queso mozzarella y el queso procesado en una olla de barro. Tape y cocine por unos 30 minutos o hasta que el queso se derrita.
2. Agregue los ingredientes restantes, excepto los chips de tortilla.
3. Cubra con una tapa y cocine 1 ½ horas. Servir con totopos.

Dip De Queso Estilo Italiano

(Listo en aproximadamente 1 hora y 30 minutos | Porciones 12)

Ingredientes

- 1 ½ tazas de queso crema
- 2 tazas de queso mozzarella, rallado
- 1/3 taza de pimiento asado, picado
- 1 taza de salsa para pizza
- 1/2 taza de jugo de tomate
- 1 cucharadita de hojas de orégano seco
- 1 cucharadita de hojas secas de albahaca
- 1 taza de pepperoni, picado
- 1/3 taza de cilantro, picado
- Cazos: palitos de apio

Direcciones

1. Coloque el queso en una olla de barro. Cubrir con una tapa y cocinar unos 30 minutos.
2. Agregue los ingredientes restantes, excepto los palitos de apio.
3. Cubra con una tapa y cocine 1 ½ horas. Sirva con palitos de apio.

Salsa de res con chucrut

(Listo en aproximadamente 2 horas | Porciones 24)

Ingredientes

- 1 taza de queso fuerte bajo en grasa, rallado
- 1 ½ tazas de queso crema
- 1 ½ tazas de chucrut, enjuagado y escurrido
- 1 taza de carne en conserva magra, picada
- 1/4 taza de aderezo Thousand Island
- 1 cucharada de semillas de alcaravea
- Sal kosher, al gusto
- Palitos de verdura, como guarnición

Direcciones

1. Coloque el queso fuerte y el queso crema en una olla de barro.
2. Tape y cocine aproximadamente 30 minutos.
3. Mezcle los ingredientes restantes, excepto los palitos de vegetales; tapar y cocinar 1 ½ horas.
4. Servir con palitos de verduras.

Dip tibio de carne seca

(Listo en aproximadamente 2 horas | Porciones 24)

Ingredientes

- 1 ½ taza de queso crema
- 1 taza de mayonesa baja en grasa
- 1/2 taza de cebollas verdes, picadas
- 2-3 dientes de ajo picados
- 4 ½ onzas de carne seca, picada
- 1 cucharadita de sal sazonada

Direcciones

1. Ponga el queso crema en una olla de barro; cocina tapado hasta que el queso crema se derrita, aproximadamente 30 minutos.

2. Luego, agregue los ingredientes restantes y cocine de 1 a 1 ½ horas o hasta que se caliente por completo.

3. Sirva con palitos de pan o galletas de ajo.

Dip De Pimiento Asado Y Ajo

(Listo en aproximadamente 1 hora y 30 minutos | Porciones 24)

Ingredientes
- 1/2 queso de cabra
- 1 ½ libra de queso crema bajo en grasa, temperatura ambiente
- 1/2 taza de pimiento asado, picado
- 3 cucharadas de ajo asado, picado
- 1/4 cucharadita de pimienta negra molida
- 1 cucharadita de pimentón ahumado
- 1/4 cucharadita de sal marina
- 3/4 taza de leche

Direcciones
1. Coloca todos los ingredientes en tu olla de barro.
2. Cubre la olla de barro con una tapa; cocine de 1 a 1 ½ horas.
3. Sirve con tus cazos favoritos.

Dip caliente de frijoles con queso

(Listo en aproximadamente 2 horas y 20 minutos | Porciones 12)

Ingredientes

- 1 libra de alimento de queso procesado, en cubos
- 1 lata (14 onzas) de tomates cortados en cubitos con chiles verdes, escurridos
- 2 pechugas de pollo medianas cocidas, desmenuzadas
- 1/3 taza de crema agria
- 1/4 taza de cebolletas, picadas
- 1 chile poblano grande, picado
- Una pizca de pimienta negra (opcional)
- 1 taza de frijoles enlatados, enjuagados y escurridos

Direcciones

1. Coloque todos los ingredientes, excepto los frijoles, en una olla de barro.
2. Cocine alrededor de 2 horas a temperatura alta, revolviendo ocasionalmente.
3. Agregue los frijoles escurridos y cocine 20 minutos más. Sirva con totopos de maíz.

Deliciosa salsa para mojar con chile

(Listo en aproximadamente 2 horas | Porciones 12)

Ingredientes

- 2 chiles jalapeños asados de tamaño pequeño, picados en trozos grandes
- 1 taza de queso fuerte bajo en grasa rallado
- 2 tazas de queso procesado bajo en grasa, rallado
- 1/3 taza de tomates ciruela, picados
- 2-3 dientes de ajo
- 1/2 taza de cebollas verdes, picadas
- 1/2 cucharadita de hojas de albahaca seca
- 1/2 cucharadita de hojas de orégano seco
- 3 cucharadas de leche

Direcciones

1. Coloque los quesos en su olla de barro; cubra y cocine hasta que los quesos se derritan o alrededor de 30 minutos.
2. Agrega el resto de los ingredientes.
3. Cubra y cocine hasta que se caliente o alrededor de 1 ½ horas.

Aperitivo de frijoles con tres quesos

(Listo en aproximadamente 1 hora y 30 minutos | Porciones 16)

Ingredientes

- 1 taza de queso provolone, en cubos
- 1 taza de queso crema, temperatura ambiente
- 1/2 taza de queso azul fuerte, rallado
- 1/2 taza de mayonesa
- 1 taza de frijoles rojos enlatados, escurridos y enjuagados
- 1 lata de chiles verdes, cortados en cubitos
- 1 cucharadita de salsa tabasco
- 2-3 dientes de ajo picados

Direcciones

1. Mezcla todos los ingredientes en tu olla de barro.
2. Tape y cocine de 1 a 1 ½ horas a temperatura alta.
3. ¡Sirve con tus cazos favoritos y disfruta!

Queso Fundido Mexicano

(Listo en aproximadamente 2 horas | Porciones 16)

Ingredientes

- 1 ½ tazas de queso fuerte rallado
- 1 taza de queso procesado bajo en grasa, en cubos
- 1/2 pimiento rojo asado, picado
- 2/3 taza de leche
- 1 taza de chorizo, picado
- 2 cucharaditas de chiles jalapeños en escabeche
- 16 tortillas de maíz, tibias
- Cilantro picado, como guarnición
- Cebollino picado, como guarnición

Direcciones

1. Coloque los quesos en una olla de barro; cocine a fuego alto hasta que los quesos se derritan, aproximadamente 30 minutos.

2. Agrega los ingredientes restantes, excepto las tortillas, el cilantro y el cebollín; cubra y cocine alrededor de 1 ½ horas.

3. Divida la mezcla preparada entre las tortillas. Espolvorear con cilantro picado y cebollín y enrollar. ¡Disfrutar!

Salsa fácil para mojar mariscos

(Listo en aproximadamente 2 horas | Porciones 8)

Ingredientes

- 1 taza de queso fuerte, en cubos
- 1 taza de queso crema
- 3/4 taza de leche entera
- 1 taza de camarones cocidos, picados
- 1 taza de cangrejo cocido, picado
- 1 cucharadita de hojuelas de pimiento rojo
- 1/2 cucharadita de pimienta negra molida

Direcciones

1. Coloque los quesos en una olla de barro; cubrir con una tapa; coloque la olla de barro a fuego lento y cocine unos 30 minutos.

2. Agrega el resto de los ingredientes; tapar y cocinar 1 ½ horas.

3. Sirva con palitos de pan, galletas saladas o palitos de verduras.

Deliciosa salsa para mojar salmón

(Listo en aproximadamente 2 horas | Porciones 16)

Ingredientes

- 1 taza de queso crema, a temperatura ambiente
- 1 taza de mayonesa
- 1 cucharadita de mostaza Dijon
- 1 lata (14 onzas) de corazones de alcachofa, escurridos y picados
- 1 ½ tazas de salmón enlatado
- 1 cucharada de limón
- 1/2 taza de queso Monterey Jack, cortado en cubitos
- 4 chorritos de salsa picante
- Gajos de limón, como guarnición

Direcciones

1. Coloca todos los ingredientes en tu olla de barro.
2. Tape y cocine a fuego lento durante 2 horas a temperatura alta.
3. Adorne con rodajas de limón; sirva con cazos como tiras de pimiento dulce o espárragos al vapor.

Fondue Romántica de Queso

(Listo en aproximadamente 1 hora | Porciones 12)

Ingredientes
- 2 tazas de queso suizo, rallado
- 1 cucharada de harina para todo uso
- 1 taza de queso crema, temperatura ambiente
- 3 cucharadas de leche
- 3/4 taza de jugo de manzana
- 1/2 cucharadita de pimienta de Jamaica
- 1/2 cucharadita de pimentón
- 1-2 dientes de ajo picados

Direcciones
1. Mezcle el queso suizo con la harina.

2. Combine el queso suizo, el queso crema, la leche, el jugo de manzana, la pimienta de Jamaica, el pimentón y el ajo en su olla de barro.

3. Cocine tapado de 1 a 1 ½ horas. Sirva con palitos de pan o tiras de pimiento dulce y disfrute.

Alitas de fiesta de miel

(Listo en aproximadamente 7 horas | Porciones 10)

Ingredientes
- 3 libras de alitas de pollo
- 1/4 taza de salsa tamari
- 1/4 taza de miel
- 1/2 cucharadita de sal de apio
- 1/2 cucharadita de pimienta negra molida
- 2 cucharadas de salsa de chile
- 1/2 cucharadita de cebolla en polvo
- 1/2 cucharadita de ajo en polvo

Direcciones
1. Coloque las alas en una olla de barro.
2. En un tazón pequeño, bata el resto de los ingredientes. Vierta esta salsa sobre las alas; revuelva para cubrir bien.
3. Cocine durante 7 horas a fuego lento.

Fondue para fiestas

(Listo en aproximadamente 4 horas | Porciones 12)

Ingredientes

- 2 dientes de ajo, cortados en mitades
- 2 tazas de leche
- 1 taza de jugo de uva blanca espumoso
- Unas gotas de salsa tabasco
- 1/4 taza de harina para todo uso
- 1 cucharadita de cebolla en polvo
- 1 cucharadita de semillas de mostaza
- 1/2 cucharadita de pimentón
- 4 tazas de queso fuerte, en cubos
- 4 tazas de queso semisuave, en cubos

Direcciones

1. Frote el interior de la olla de barro con el ajo.

2. Agregue la leche, el jugo de uva espumoso y la salsa Tabasco a la olla de cocción lenta.

3. Agregue los ingredientes restantes a una bolsa grande con cierre hermético. Luego, agitar para mezclar bien. Transferir a la olla de barro.

4. Cubra y cocine a fuego lento hasta que se caliente por completo o durante 4 horas.

5. Sirva con espárragos asados o rodajas de pepinillo.

Albóndigas De Gelatina De Grosella Roja

(Listo en aproximadamente 6 horas | Porciones 8)

Ingredientes

- 2 cucharadas de aceite de oliva
- 2 libras de albóndigas precocidas, congeladas
- 1 taza de mermelada de grosella roja
- 1 frasco (12 onzas) de salsa de chile

Direcciones

1. Agregue el aceite de oliva a la bolsa de albóndigas; mezcle para cubrir lo mejor que pueda. Transferir a la olla de barro. Tape y cocine durante 4 horas a temperatura alta.

2. En una taza medidora o un tazón, mezcle la salsa de chile con la gelatina de grosella roja. Vierta sobre las albóndigas en la olla de barro.

3. Tape y cocine a fuego lento durante 2 horas.

Dip De Maíz Jalapeño Y Queso

(Listo en aproximadamente 2 horas | Porciones 6)

Ingredientes

- 4 rebanadas de tocino, cortadas en cubitos
- 6 tazas de maíz en grano entero enlatado, escurrido
- 2 jalapeños, sin semillas y cortados en cubitos
- 1 taza de queso suizo, rallado
- 1/2 taza de crema agria
- 1 taza de queso crema, en cubos
- 1/4 taza de queso parmesano rallado
- 1/2 cucharadita de pimienta negra molida
- Sal al gusto
- 1 cucharada colmada de cilantro, picado

Direcciones

1. Dorar el tocino en una sartén de hierro fundido durante unos 8 minutos. Escurrir y reservar.

2. Coloque el grano de maíz, los jalapeños, el queso suizo, la crema agria, el queso crema y el queso parmesano en una olla de barro.

3. Sazone con pimienta negra y sal. Tape y cocine a fuego lento durante 2 horas. Espolvorear con cilantro picado.

4. Sirva con tiras de pimiento morrón o palitos de apio.

Salsa para mojar frijoles picantes

(Listo en aproximadamente 2 horas | Porciones 12)

Ingredientes
- 1 taza de salsa picante
- 4 tazas de frijoles refritos
- 2 tazas de queso cheddar, rallado
- 1/4 perejil fresco picado
- 1/2 taza de chalotes, picados

Direcciones
1. Coloque todos los ingredientes en su olla de barro.
2. Cocine tapado a fuego lento durante 2 horas.
3. Sirva con rodajas de pepinillo o zanahorias pequeñas.

Albóndigas De Tomate Salsas

(Listo en aproximadamente 4 horas | Porciones 8)

Ingredientes

- 2 libras de ternera, molida gruesa
- 1 diente de ajo, machacado
- 1/4 libra de queso Mozzarella, rallado
- 3 huevos, ligeramente batidos
- 1 cucharada de pimienta de cayena
- 1/2 pimienta negra molida
- 1 cucharadita de sal
- 1 cucharadita de hojas de orégano seco
- 1 taza de pan rallado
- 1/2 taza de leche entera
- 2 cucharadas de aceite de oliva
- 2 tomates, cortados en cubitos
- 1 taza de jugo de tomate

Direcciones

1. En un tazón grande para mezclar, combine todos los ingredientes, excepto los tomates y el jugo de tomate.

2. Forme la mezcla en bolas de ¾ de pulgada.

3. Caliente el aceite de oliva en una cacerola a fuego medio-alto. Saltear las albóndigas durante unos 10 minutos.

4. Coloque las albóndigas salteadas en la olla de barro.

5. Vierta los tomates y el jugo de tomate sobre las albóndigas en la olla de barro.

6. Tape y cocine a fuego lento durante 3 a 4 horas. ¡Transfiera a un plato de servir y sirva con brochetas!

Albóndigas de Pavo con Salsa de Pimentón

(Listo en aproximadamente 6 horas | Porciones 6)

Ingredientes

- 12 albóndigas de pavo congeladas, descongeladas
- 1 cucharadita de aceite de oliva
- 1/2 taza de cebollas verdes, picadas
- 2-3 dientes de ajo picados
- 1 costilla de apio, picada
- 1 zanahoria, cortada en cubitos
- 4 tazas de tomates enlatados, triturados
- 2 cucharadas de pasta de tomate
- 1/2 cucharadita de sal kosher
- 1/2 cucharadita de pimienta negra molida
- 1 cucharadita de hojas de orégano seco
- 1 cucharadita de hojas de tomillo seco
- 1 cucharadita de pimentón

Direcciones

1. Coloque las albóndigas en la olla de barro.

2. Para hacer la salsa: Caliente el aceite de oliva en una sartén antiadherente grande. Saltee las cebollas, el ajo, el apio y la zanahoria hasta que las verduras comiencen a ablandarse.

3. Agregue el resto de los ingredientes y continúe cocinando a fuego medio-bajo hasta que la mayor parte del líquido se haya evaporado.

4. Vierta la salsa preparada sobre las albóndigas en la olla de barro. Cocine a fuego lento unas 6 horas a fuego lento.

5. Servir con mini pan integral de centeno.

Albóndigas estofadas con cerveza

(Listo en aproximadamente 7 horas | Porciones 10)

Ingredientes

- 2 cebollas amarillas medianas, finamente picadas
- 1 paquete (16 onzas) de albóndigas congeladas
- 1 lata (12 onzas) de cerveza sin alcohol
- 1 taza de pasta de tomate
- 1/2 taza de salsa de chile
- Sal al gusto
- Pimienta negra molida, al gusto
- 1 cucharadita de estragón seco
- 1/4 taza de salsa de pepinillos

Direcciones

1. Coloca las cebollas en una olla de barro; agregar albóndigas.

2. En un tazón para mezclar o una taza medidora, combine los ingredientes restantes; verter en la olla de barro.

3. Tape y cocine a fuego lento durante unas 7 horas. Sirva mini pan integral de centeno y mostaza, si lo desea.

Salchichas de cóctel picantes

(Listo en aproximadamente 4 horas | Porciones 8)

Ingredientes

- 1/4 taza de salsa de tomate
- 2 cucharadas de jugo de manzana
- 2/3 taza de mermelada de albaricoque
- 2 cucharadas de vinagre de sidra de manzana
- 3 dientes de ajo, picados
- 1 chalote, picado
- 1/3 taza de caldo de pollo
- 2 cucharadas de salsa de soya
- 1/4 cucharadita de pimienta de cayena
- 1/4 cucharadita de pimienta negra
- 2 libras de mini frankfurts de cóctel

Direcciones

1. En una olla de barro, combine todos los ingredientes, excepto las salchichas; mezcle bien para combinar. Luego, agregue las salchichas.
2. Tape y cocine a fuego alto durante 3 a 4 horas.
3. Servir con palillos, adornado con mostaza.

Las mejores salchichas de cóctel

(Listo en aproximadamente 7 horas | Porciones 8)

Ingredientes

- 1 taza de salsa de chile dulce
- 2 cucharadas de vinagre de sidra de manzana
- 3 dientes de ajo, picados
- 1 chalote, picado
- 1 taza de caldo de verduras
- 1/2 taza de salsa de arándanos
- 2 cucharadas de salsa tamari
- 1/4 cucharadita de pimienta de cayena
- 1/4 cucharadita de pimienta negra
- 1 ½ libras de mini salchichas de cóctel

Direcciones

4. En su olla de barro, coloque todos los ingredientes. Revuelve para combinar.
5. Tape y cocine 7 horas a temperatura alta.
6. Servir con palitos de cóctel y disfrutar.

Deliciosa mezcla de bocadillos de cereales

(Listo en unas 3 horas | Porciones 20)

Ingredientes

- 2 cucharadas de margarina, derretida
- 1/2 cucharadita de cebolla en polvo
- 1 cucharadita de ajo en polvo
- 1 cucharadita de pimentón
- 1 cucharadita de mezcla de condimentos italianos
- 1 cucharadita de chile en polvo
- 1 cucharada de salsa de soja
- 2 tazas de cuadritos de cereal de maíz
- 2 tazas de cuadritos de cereal de trigo crocantes
- 1 taza de pretzels
- 1/2 taza de almendras tostadas
- 1/2 taza de nueces tostadas

Direcciones

1. Coloque todos los ingredientes en su olla de barro, revuelva bien para combinar.
2. Cocine a fuego lento durante 2 a 3 horas, revolviendo cada 30 minutos.

3. Extender sobre una bandeja para hornear y dejar enfriar. Luego, guárdelo en un recipiente hermético.

Pacanas Ahumadas Fáciles

(Listo en unas 6 horas | Porciones 24)

Ingredientes

- 8 tazas de nueces crudas
- 3 cucharadas de mantequilla, derretida
- 1 cucharada de salsa tamari
- 2 cucharadas de salsa Worcestershire
- 1 cucharadita de ajo en polvo
- 1 cucharadita de semillas de apio
- 1 cucharadita de sal ahumada, al gusto
- 1/2 cucharadita de pimienta blanca
- 1 cucharadita de pimentón ahumado

Direcciones

1. Agregue todos los ingredientes a su olla de barro. Revuelva para cubrir las nueces de manera uniforme.

2. Cubra y cocine durante 6 horas a fuego lento, revolviendo ocasionalmente.

3. Guarde las nueces ahumadas en un recipiente tapado.

Merienda fácil de verano

(Listo en aproximadamente 2 horas | Porciones 16)

Ingredientes
- 1 libra de pistachos crudos
- 2 cucharadas de aceite de oliva
- 1/2 cucharadita de pimienta de cayena
- 1/2 cucharadita de pimienta negra molida
- 1 cucharadita de sal sazonada
- 1 cucharadita de azúcar

Direcciones
1. Ponga todos los ingredientes en su olla de barro.
2. Tape y cocine a fuego lento durante 2 horas, revolviendo después de 1 hora.
3. Almacenar en un recipiente hermético.

Mezcla de nueces cajún

(Listo en aproximadamente 3 horas | Porciones 16)

Ingredientes
- 2 libras de almendras
- 1 libra de nueces, partidas a la mitad
- 2 cucharadas de aceite de oliva
- 2 cucharadas de mezcla de condimentos cajún

Direcciones
1. Agregue todos los ingredientes a la olla de barro. Revuelve para combinar; luego cubra y cocine a fuego lento durante 1 hora, revolviendo ocasionalmente. Ajuste los condimentos al gusto.
2. Cocine a fuego lento durante 2 horas más, revolviendo después de 1 hora.

Pacanas de fiesta especiadas

(Listo en aproximadamente 2 horas y 30 minutos | Porciones 16)

Ingredientes
- 2 libras de nueces
- 2 cucharadas de mantequilla
- 2 cucharadas de mezcla de condimentos cajún
- 1 cucharadita de sal
- 1 cucharadita de pimienta negra recién molida
- 1 cucharadita de pimentón

Direcciones

1. Coloque todos los ingredientes en la olla de barro.
2. Ajuste la olla de barro a fuego lento, cubra con una tapa y cocine a fuego lento su mezcla durante aproximadamente 2 ½ horas.
3. Deje que las nueces se enfríen por completo. ¡Servir y disfrutar!

Canela Vainilla Nueces

(Listo en aproximadamente 2 horas y 15 minutos | Porciones 16)

Ingredientes

- 1 barra de mantequilla, derretida
- 1 libra de nueces en mitades
- 1 cucharadita de canela
- 2/3 taza de azúcar en polvo
- 1 cucharadita de vainilla
- Una pizca de sal

Direcciones

1. Combine todos los ingredientes en su olla de barro.
2. Cubra con una tapa y cocine durante 15 minutos a temperatura alta.
3. A continuación, baje el fuego, retire la tapa y cocine durante 2 horas, revolviendo ocasionalmente.
4. Deje reposar hasta que se enfríe por completo antes de servir y almacenar.

Nueces mixtas al curry

(Listo en aproximadamente 2 horas y 15 minutos | Porciones 16)

Ingredientes
- 3 cucharadas de aceite de coco
- 2 cucharadas de curry en polvo
- 1 cucharada de chile en polvo
- 1 cucharada de hojas secas de albahaca
- 1 cucharadita de sal ahumada
- 3 tazas de nueces, partidas a la mitad
- 3 tazas de nueces
- 2 tazas de almendras
- 1/2 tazas de semillas de calabaza

Direcciones
1. Trata el interior de una olla de barro con aceite de coco.
2. Coloque los ingredientes restantes en la olla de barro.
3. Cocine a fuego lento unas 2 horas a fuego lento.
4. Deje reposar hasta que se enfríe por completo antes de servir y almacenar. Puedes congelar las sobras.

Mezcla de bocadillos de chile y miel

(Listo en aproximadamente 4 horas | Porciones 12)

Ingredientes

- 2 cucharaditas de mantequilla, derretida
- 1 taza de nueces
- 1/2 taza de maní
- 1/4 taza de vinagre balsámico
- 1/2 taza de azúcar moreno
- 2 cucharaditas de canela
- 1 cucharadita de chile en polvo
- 1 cucharadita de sal
- 2 cucharaditas de miel

Direcciones

1. Engrasa el interior de una olla de barro con mantequilla derretida.
2. Agregue los ingredientes restantes y cocine a fuego lento durante 4 horas.
3. Vierta esta mezcla de nueces en una bandeja para hornear. Dejar enfriar; luego, guárdelo en un recipiente con tapa hermética.

Salsa para mojar fácil de Velveeta

(Listo en aproximadamente 3 horas | Porciones 12)

Ingredientes
1. 1 lata (15 onzas) de chile
2. 2 pimientos morrones asados, picados
3. 1 libra de queso Velveeta, en cubos

Direcciones
1. Agregue todos los ingredientes a la olla de barro.
2. Tape y cocine a fuego lento durante 3 horas, revolviendo cada media hora.
3. Sirva con palitos de pan o galletas saladas.

Aperitivo a la Mexicana

(Listo en unas 6 horas | Porciones 24)

Ingredientes

- 3 libras de carne molida magra, cocida y escurrida
- 1 cebolla amarilla mediana, en rodajas
- 2-3 dientes de ajo picados
- 1 lata (15 onzas) de frijoles refritos
- 1 taza de pasta de tomate
- 1/2 taza de jugo de tomate
- 1 cucharadita de pimientos de cayena
- Sal al gusto
- 1 taza de salsa
- 2 libras de queso crema, cortado en cubos

Direcciones

1. En una sartén amplia, dore la carne molida a fuego medio durante unos 10 minutos. Transferir a la olla de barro.
2. Agregue el resto de los ingredientes y revuelva para combinar.
3. Cocine tapado a fuego lento durante 4 a 6 horas, revolviendo cada 30 minutos.
4. Pruebe para sazonar y agregue más especias si es necesario.

Paté de hígado de pollo a la antigua

(Listo en aproximadamente 3 horas | Porciones 16)

Ingredientes

- 1 libra de hígados de pollo
- 1/4 taza de cebolla morada, finamente picada
- 1 manzana, pelada, sin corazón y picada
- 1/2 taza de mantequilla, temperatura ambiente
- 1/2 cucharadita de pimentón
- 1/2 cucharadita de pimienta negra molida
- Sal al gusto

Direcciones

1. Cocine todos los ingredientes en una olla de barro durante unas 3 horas.
2. Transferir a un procesador de alimentos. Haga puré hasta que quede cremoso y uniforme.
3. Servir frío con galletas saladas.

Paté de salmón ahumado

(Listo en aproximadamente 3 horas | Porciones 10)

Ingredientes
- 1 ½ tazas de salmón ahumado
- 2 tazas de queso crema
- 2 cucharadas de leche
- 1 cucharada de jugo de limón fresco
- 1 cucharadita de salsa de soya
- 1/2 cucharadita de pimienta negra molida
- 1/2 cucharadita de pimentón
- Perejil fresco, para decorar

Direcciones

1. Coloque todos los ingredientes, excepto el perejil fresco, en su olla de barro.
2. Cocine a fuego lento unas 3 horas.
3. Espolvorear con perejil fresco y servir frío.

Paté de lentejas vegetariano

(Listo en aproximadamente 2 horas | Porciones 8)

Ingredientes

- 1 taza de lentejas secas
- 2 tazas de caldo de verduras
- 3 cucharadas de mantequilla
- 1 cucharadita de semillas de apio
- 1 cucharada de cilantro
- 1/2 cucharadita de sal sazonada
- 1/2 cucharadita de pimienta negra molida

Direcciones

1. Simplemente coloque todos los ingredientes en su olla de barro.
2. Cocine tapado durante 2 horas a temperatura alta.
3. Sirva frío con las rebanadas de pepinillos, palitos de apio o chips de tortilla.

Aperitivo Albondigas Con Salsa Barbacoa

(Listo en aproximadamente 4 horas | Porciones 12)

Ingredientes

- 1/2 libra de cerdo molido
- 1 libra de carne molida magra
- 1 cebolla de tamaño pequeño, finamente picada
- 2 dientes de ajo, picados
- 1 huevo de tamaño grande
- 1/3 taza de pan rallado seco
- 1/2 cucharadita de sal sazonada
- 1/2 cucharadita de hojuelas de pimiento rojo, trituradas
- 1/2 cucharadita de pimienta negra molida
- 2 tazas de salsa barbacoa
- 1 taza de mermelada de naranja

Direcciones

1. Mezcle la carne de cerdo, la ternera, la cebolla, el ajo, el huevo, el pan rallado, la sal, el pimiento rojo y la pimienta negra. Mezcle bien para combinar; Forma esta mezcla en 24 albóndigas.

2. Agregue las albóndigas a la olla de barro. Luego, agregue la salsa barbacoa y la mermelada de naranja.

3. Cocinar tapado unas 4 horas. ¡Sirva caliente con palitos de cóctel!

Chutney de piña caliente

(Listo en aproximadamente 4 horas | Porciones 6)

Ingredientes

- 1 taza de mango fresco, en cubos
- 3 tazas de piña fresca, en cubos
- 2 cucharadas de chalotes, picados
- 2 cucharaditas de ajo picado
- 1/4 taza de vinagre balsámico
- 3 cucharadas de jugo de limón
- 1/4 taza de azúcar
- 1 cucharadita de miel
- 1 jalapeño, picado

Direcciones

1. Ponga todos los ingredientes en su olla de barro. Revuelva bien para combinar.
2. Encienda la olla de barro a fuego alto y cocine 3 horas.
3. Luego, destape y continúe cocinando durante 1 hora a temperatura alta.

Salsa para mojar frijoles negros

(Listo en aproximadamente 2 horas | Porciones 24)

Ingredientes

- 1 cucharadita de aceite de oliva virgen extra
- 1 chile poblano, picado
- 2-3 dientes de ajo picados
- 1 cebolla mediana, picada
- 1/2 cucharadita de pimienta de cayena
- 1 cucharadita de semillas de apio
- 1/4 taza de crema agria baja en grasa
- 2 cucharadas de jugo de limón
- 4 tazas de frijoles negros enlatados, escurridos y enjuagados

Direcciones

1. Caliente el aceite de oliva en una cacerola antiadherente. Sofreír el poblano, el ajo y la cebolla por unos 10 minutos hasta que estén tiernos.

2. Agregue los ingredientes restantes y revuelva para combinar. Triture la mezcla.

3. Agregue a la olla de barro y cocine a fuego lento durante 2 horas.

Dip caliente de frijoles de maíz

(Listo en aproximadamente 2 horas | Porciones 16)

Ingredientes

- 1 cucharadita de aceite de oliva
- 1/2 taza de chalotes, picados
- 2 dientes de ajo, picados
- 1 chile jalapeño, picado
- Unas gotas de salsa picante
- 1/2 cucharadita de pimentón
- 1/2 cucharadita de comino
- 2 cucharadas de jugo de limón fresco
- 1/4 taza de queso crema
- 2 tazas de frijoles cannellini enlatados, escurridos y enjuagados
- 1/2 taza de granos de elote
- 2 cucharadas de cilantro fresco, picado grueso

Direcciones

1. Caliente el aceite de oliva en una sartén pesada. Saltee los chalotes, el ajo y el jalapeño hasta que estén suaves y fragantes o aproximadamente 3 minutos.

2. Vierta en un tazón grande para mezclar. Agregue los ingredientes restantes, excepto el cilantro.

3. Triturar con un machacador de patatas. Transferir a la olla de barro.

4. Cocine a fuego lento durante 2 horas. Espolvorea con cilantro fresco picado y sirve con chips de tortilla o chips de pita, si lo deseas.

Salsa para mojar rica en vegetales

(Listo en aproximadamente 1 hora | Porciones 16)

Ingredientes
- 2 tazas de floretes de coliflor, al vapor
- 2 tazas de floretes de brócoli, al vapor
- 1 cebolla mediana, picada
- 1 zanahoria grande, picada
- 1 taza de espinacas frescas
- 1 jalapeño, picado
- 1 cucharada de salsa Worcestershire
- 1 taza de yogur natural
- Sal marina, al gusto
- 1/4 cucharadita de pimienta negra molida
- 1 cucharada de jugo de limón

Direcciones

1. Coloque los floretes de coliflor, los floretes de brócoli, la cebolla, la zanahoria, la espinaca, el jalapeño y la salsa Worcestershire en un procesador de alimentos.

2. Pulse hasta que la mezcla esté cremosa y suave. Agregue el yogur, la sal, la pimienta negra y el jugo de limón. Pulso de nuevo.

3. Vierta esta mezcla en la olla de barro. Cubra y cocine durante 1 hora a fuego lento. Sirva frío con pretzels suaves o baguette en rodajas.

Dip De Berenjenas Con Tahini Y Queso

(Listo en aproximadamente 2 horas | Porciones 12)

Ingredientes
- 2 berenjenas de tamaño grande, en rodajas
- 2-3 dientes de ajo picados
- 1 cucharada de perejil fresco
- 1/2 cucharadita de tomillo seco
- 1 cucharadita de hojas secas de albahaca
- 1 cucharadita de hojas de orégano picadas
- 1 cucharadita de sal marina
- 1/2 cucharadita de pimienta negra molida
- 2 cucharadas de jugo de lima
- 2 cucharadas de tahini
- 1 taza de queso suizo, rallado

Direcciones

1. Coloque la berenjena, el ajo, el perejil, el tomillo, la albahaca, el orégano, la sal y la pimienta negra en una olla de barro. Cocine a fuego lento durante aproximadamente 2 horas.

2. Dejar enfriar; luego, agregue lima y tahini. Pulse en un procesador de alimentos hasta alcanzar la consistencia deseada.

3. Vuelva a calentar la mezcla en una olla de barro; agregue el queso suizo y deje que se derrita. Servir tibio o a temperatura ambiente. Sirva con pretzels de centeno, vegetales crudos o mini pitas.

Dip De Mariscos Y Alcachofas

(Listo en aproximadamente 1 hora | Porciones 20)

Ingredientes
- 2 tazas de crema agria
- 1 taza de queso crema bajo en grasa
- 1 taza de puerros, picados
- 1 cucharada de salsa de soja
- 12 onzas de corazones de alcachofa
- 1 taza de camarones
- 1 taza de carne de cangrejo

Direcciones
1. En un procesador de alimentos, coloque la crema agria, el queso crema, los puerros, la salsa de soya y los corazones de alcachofa.
2. Pulse hasta que todo esté bien combinado.
3. Raspe en una olla de barro. Agrega los camarones y la carne de cangrejo; revuelva bien para combinar.
4. Cocine 40 minutos a fuego lento. Adorne con rodajas de limón y sirva con pretzels de sésamo o papas fritas horneadas.

Pacanas con cobertura de almíbar

(Listo en aproximadamente 4 horas | Porciones 16)

Ingredientes

- 2 tazas de pecanas enteras
- 1/2 taza de vinagre de sidra de manzana
- 1/2 taza de azúcar moreno
- 1 cucharadita de pimienta de Jamaica
- 1 cucharadita de pimentón
- 1 cucharadita de sal kosher

Direcciones

1. Coloca todos tus ingredientes en una olla de barro. Cocine a fuego alto hasta que todo el líquido se haya evaporado o alrededor de 4 horas, revolviendo cada 15 minutos.

2. Coloque las nueces en una sola capa sobre las bandejas para hornear que están cubiertas con papel pergamino. Deje que se enfríen por completo antes de guardarlos. Mantenga estas nueces hasta por 2 semanas.

Compota de moras de la abuela

(Listo en aproximadamente 7 horas | Porciones 6)

Ingredientes

- 2 tazas de moras
- 1/4 taza de azúcar moreno
- 1 vaina de vainilla
- 1 rama de canela
- 1/4 taza de agua tibia
- 6 muffins ingleses o waffles favoritos, como guarnición

Direcciones

1. Ponga todos los ingredientes en una olla de barro.
2. Al principio, ponga su olla de barro a fuego lento. Cuece la compota tapada durante unas 3 horas.
3. A continuación, retire la tapa; aumente el fuego a alto y cocine 4 horas más.
4. Sirva caliente con panecillos ingleses o sus waffles favoritos. ¡Disfruta de este gran bocadillo a la antigua!

Mantequilla de pera favorita

(Listo en aproximadamente 22 horas | Porciones 12)

Ingredientes

- 8 peras Bartlett, sin corazón y en cuartos
- 1 taza de agua
- 2 cucharadas de jugo de naranja fresco
- 1/2 taza de azúcar
- 1/4 cucharadita de clavo molido
- 1 rama de canela
- 1/2 cucharadita de maza

Direcciones

1. Coloca todos los ingredientes en tu olla de barro. Cocine tapado a fuego lento durante aproximadamente 10 horas.

2. Luego, destape y cocine de 10 a 12 horas adicionales o hasta que la mezcla se espese.

3. Enfríe completamente y luego transfiéralo a un procesador de alimentos. Haga puré hasta que quede suave y uniforme.

4. Mantener en frascos de vidrio limpios. Refrigere y sirva frío con panqueques, waffles o muffins ingleses.

Pastel De Mantequilla De Plátano Con Coco Y Almendras

(Listo en aproximadamente 4 horas | Porciones 8)

Ingredientes
- 1 barra de mantequilla
- 1 taza de queso crema, ablandado
- 1 taza de azúcar blanca granulada
- 1 cucharada de melaza
- 3 huevos medianos
- 1/2 taza mitad y mitad
- 1 cucharada de jugo de naranja
- 2 plátanos maduros, en rodajas
- 1 1/3 taza de harina para pastel
- 1 cucharadita de bicarbonato de sodio
- 1/2 cucharadita de polvo de hornear
- Una pizca de sal
- una pizca de canela
- Una pizca de cardamomo
- 1/2 taza de almendras picadas
- 1/2 taza de coco rallado, sin azúcar

Direcciones

1. Agregue mantequilla, queso, azúcar, melaza, huevos, mitad y mitad, jugo de naranja y plátanos a un procesador de alimentos. Procesar hasta que todo esté bien combinado.

2. Luego, en un tazón para mezclar separado, combine la harina para pasteles, el bicarbonato de sodio, el polvo para hornear, la sal, la canela y el cardamomo. Revuelva para mezclar bien.

3. Raspe la mezcla cremosa de plátano. Revuelva de nuevo. Incorpore las almendras y el coco.

4. Cubra el fondo de la olla de barro con papel pergamino; vierta la masa preparada.

5. Tape y cocine a fuego lento durante 4 horas.

Tarta campestre de manzana con nueces

(Listo en aproximadamente 4 horas | Porciones 8)

Ingredientes
- 1 taza de queso crema, ablandado
- 1 barra de mantequilla
- 1 taza de azúcar blanca granulada
- 3 huevos, ligeramente batidos
- 1/2 taza de suero de leche
- 2 manzanas ácidas, en rodajas
- 1 1/3 taza de harina de repostería fina
- 1 cucharadita de polvo de hornear
- Sal marina, al gusto
- 1/4 cucharadita de maza molida
- 1/4 cucharadita de pimienta de Jamaica
- 1 taza de nueces picadas

Direcciones

1. Combine queso crema, mantequilla, azúcar, huevos, suero de leche y manzanas en su procesador de alimentos. Licúa hasta que la mezcla esté bien mezclada.

2. El siguiente paso, en otro tazón, combine la harina de repostería fina, el polvo de hornear, la sal marina, la maza y la pimienta de Jamaica. Revuelve para combinar.

3. Raspe la mezcla de manzana. Revuelve para combinar. Incorpore las nueces.

4. Cubra el fondo de la olla de barro con papel pergamino; vierta la masa en la olla de barro.

5. Cocine tapado unas 4 horas a fuego lento.

Pastel de pudín de dátiles

(Listo en aproximadamente 4 horas | Porciones 8)

Ingredientes

- 2 ½ tazas de dátiles, sin hueso y cortados
- 1 cucharadita de bicarbonato de sodio
- 1 2/3 tazas de agua hirviendo
- 2 tazas de azúcar morena envasada
- 1/2 taza de mantequilla, ablandada
- 1 cucharadita de vainilla
- 1/4 cucharadita de nuez moscada rallada
- 1/2 cucharadita de canela
- 3 huevos grandes
- 3 ½ tazas de harina para pastel
- 1 cucharada de levadura en polvo
- 1/4 cucharadita de sal
- Spray antiadherente (sabor mantequilla)

Direcciones

1. En un tazón, coloque los dátiles junto con el bicarbonato de sodio y el agua. Dejar de lado.

2. En un procesador de alimentos, coloca el azúcar moreno y la mantequilla; procesa hasta que quede cremoso y uniforme; luego, continúa procesando agregando vainilla, nuez moscada, canela y huevos.

3. Raspe la mezcla en el tazón y revuelva para mezclar.

4. Agregue la harina para pastel, el polvo de hornear y la sal al tazón para mezclar; revuelva para mezclar.

5. Trata la olla de barro con spray antiadherente. A continuación, vierta la masa en la olla de barro.

6. Cubra y cocine a fuego lento durante 4 horas o hasta que el centro del pastel esté firme. Servir con una cucharada de crema batida.

Sándwiches De Filete De Queso

(Listo en aproximadamente 8 horas | Porciones 8)

Ingredientes

- 1 libra de bistec redondo, en rodajas finas
- 1 taza de cebollas, en rodajas
- 1 pimiento verde, en rodajas
- 1 taza de caldo de res
- 1 diente de ajo, picado
- 2 cucharadas de vino tinto seco
- 1 cucharada de salsa Worcestershire
- 1 cucharadita de semillas de apio
- 1/2 cucharadita de sal
- 1/4 cucharadita de pimienta negra molida
- 8 panes de hamburguesa
- 1 taza de queso mozzarella, rallado

Direcciones

1. Combine todos los ingredientes, excepto los bollos y el queso, en su olla de barro.

2. Tape y cocine a fuego lento de 6 a 8 horas.

3. Haga sándwiches con bollos, mezcla de carne preparada y queso. ¡Sirve caliente y disfruta!

Mocosos de Cerveza con Champiñones y Cebolla

(Listo en aproximadamente 8 horas | Porciones 8)

Ingredientes

- 8 salchichas frescas
- 2 (12 onzas) 3 botellas de cerveza
- 1 taza de champiñones, en rodajas
- 2-3 dientes de ajo picados
- 1 cebolla roja, en rodajas
- 1 pimiento rojo, en rodajas
- 1 cucharadita de sal marina
- 1/4 cucharadita de pimienta negra molida
- 1 cucharadita de chile poblano picado
- 8 bollos de perrito caliente

Direcciones

1. Combine todos los ingredientes, excepto los bollos, en una olla de barro.

2. Cocine, tapado, a fuego lento de 6 a 8 horas.

3. Sirva salchichas cocidas y verduras en panecillos. Agregue mostaza, salsa de tomate y crema agria si lo desea.

Sándwiches deliciosos de salchicha y chucrut

(Listo en aproximadamente 8 horas | Porciones 6)

Ingredientes

- 6 salchichas frescas a elección
- 1 cebolla mediana, picada
- 1 taza de chucrut
- 1 manzana de tamaño pequeño, pelada, sin corazón y en rodajas finas
- 1 cucharadita de semillas de alcaravea
- 1/2 taza de caldo de pollo
- Sal al gusto
- 1/2 cucharadita de pimienta negra molida
- 6 bollos de perrito caliente
- Salsa de tomate para decorar
- mostaza para decorar

Direcciones

1. Coloque las salchichas en una olla de barro. Luego coloque la cebolla, el chucrut, la manzana, las semillas de alcaravea, el caldo de pollo, la sal y la pimienta negra.

2. Cocine, tapado, a fuego lento de 6 a 8 horas.

3. Haga sándwiches con bollos y sírvalos con salsa de tomate y mostaza.

Cazuela De Salchicha Navideña

(Listo en aproximadamente 8 horas | Porciones 8)

Ingredientes

- Spray antiadherente para cocinar sabor a mantequilla
- 1 paquete (26 onzas) de papas hash brown congeladas, descongeladas
- 1 calabacín, en rodajas finas
- 1 taza de leche entera
- 10 huevos batidos
- 1 cucharadita de sal marina
- 1/4 cucharadita de hojuelas de pimiento rojo triturado
- 1/4 cucharadita de pimienta negra molida
- 1 cucharadita de semillas de alcaravea
- 1 cucharada de mostaza molida
- 2 tazas de salchichas
- 2 tazas de queso cheddar, rallado

Direcciones

1. Engrase una olla de barro con aceite en aerosol antiadherente. Extienda los hash browns para cubrir el fondo de la olla de barro. Luego coloque rodajas de calabacín.

2. En un tazón mediano, bata la leche, los huevos, la sal, el pimiento rojo, la pimienta negra, las semillas de alcaravea y la mostaza molida.

3. Caliente una sartén de hierro fundido a fuego medio. A continuación, cocine las salchichas hasta que estén doradas y desmenuzables, unos 6 minutos; deseche la grasa.

4. Coloque la salchicha sobre la capa de calabacín, luego unte el queso Cheddar. Vierta la mezcla de huevo y leche sobre la capa de queso.

5. Cocine a fuego lento durante 6 a 8 horas. Servir caliente con un poco de mostaza extra.

Cazuela de salchicha durante la noche

(Listo en aproximadamente 8 horas | Porciones 12)

Ingredientes

- 1 ½ tazas de salchicha picante
- 1 cebolla roja, picada
- 2 dientes de ajo, machacados
- 1 pimiento dulce, en rodajas finas
- 1 chile jalapeño
- 1/4 taza de perejil fresco
- 1 cucharada colmada de cilantro fresco
- 1 paquete (30 onzas) de papas hash brown, ralladas y descongeladas
- 1 1/2 tazas de queso fuerte, rallado
- 1 taza de leche
- 12 huevos
- 1 cucharadita de mostaza seca
- 1 cucharadita de semillas de apio

- 1/2 cucharadita de sal

- 1/8 cucharadita de pimienta

- 1/4 cucharadita de pimienta de cayena

Direcciones

1. En una sartén mediana antiadherente, a fuego medio, cocina la salchicha; escurrir y reservar.

2. En un tazón mediano, combine las cebollas, el ajo, el pimiento dulce, el chile jalapeño, el perejil y el cilantro. Revuelva bien para combinar.

3. Capas alternas. Coloque 1/3 de las croquetas de patata, la salchicha, la mezcla de cebolla y el queso en la olla de barro. De la misma manera, repite las capas dos veces.

4. En un bol aparte, batir el resto de ingredientes. Vierta esta mezcla en la olla de barro esparciendo por igual.

5. Tape y cocine a fuego lento aproximadamente 8 horas o toda la noche. Servir tibio.

Las mejores albóndigas de cóctel

(Listo en aproximadamente 4 horas | Porciones 8)

Ingredientes
- 1 lata (16 onzas) de salsa de arándanos entera
- 1 ½ taza de salsa de chile
- Sal al gusto
- 2 hojas de laurel
- 27 onzas de chucrut, sin escurrir
- 1 taza de agua
- 1/2 taza de azúcar moreno
- 1 paquete (16 onzas) de albóndigas

Direcciones

1. En un tazón, combine la salsa de arándanos, la salsa de chile, la sal, las hojas de laurel, el chucrut, el agua y el azúcar moreno. Mezcle bien para combinar.

2. Luego, vierta la salsa y las albóndigas en la olla de barro; revuelve de nuevo.

3. Cocine tapado durante 4 horas. Servir con palitos de cóctel.

Aperitivo de carne picante

(Listo en unos 40 minutos | Porciones 8)

Ingredientes

- Aceite en aerosol antiadherente
- 2/3 taza de leche
- 1 libra de carne molida magra
- 2-3 dientes de ajo picados
- 1 cucharada de salsa tamari
- 1/4 taza de salsa Worcestershire
- 1/2 cucharadita de pimienta negra molida
- 1 cucharadita de cebolla en polvo
- 1 taza de pasta de tomate
- 1/2 taza de azúcar moreno

Direcciones

1. Comience precalentando el horno para asar. Cubra una asadera con spray antiadherente para cocinar.

2. En un tazón, combine la leche, la carne molida, el ajo, la salsa tamari, la salsa Worcestershire, la pimienta negra y la cebolla en polvo. Enrolle la mezcla en albóndigas.

3. Coloque las albóndigas en una asadera. Ase a la parrilla unos 10 minutos, o hasta que las albóndigas estén bien cocidas.

4. En un tazón, mezcle la pasta de tomate y el azúcar moreno. Transfiera la mezcla a la olla de barro. Agregue las albóndigas asadas.

5. Cocine las albóndigas durante unos 30 minutos a temperatura alta. Transferir a un plato de servir.

Bocaditos De Pita De Pollo

(Listo en aproximadamente 7 horas | Porciones 6)

Ingredientes

- 3 cucharadas de aceite de oliva
- 1 cebolla grande, picada
- 2 dientes de ajo, picados
- 1 cucharadita de semillas de apio
- 1 cucharadita de pimienta de Jamaica
- 1/2 cucharadita de canela
- 1 cucharadita de pimentón
- 1 libra de pollo, en cubos
- 1 ½ tazas de caldo de pollo
- 1 cucharada de vinagre de sidra de manzana
- Sal al gusto
- 6 pan pita

Direcciones

1. En una sartén pesada, caliente el aceite de oliva; saltee la cebolla y el ajo hasta que la cebolla esté tierna.

2. Agregue las semillas de apio, la pimienta de Jamaica, la canela y el pimentón. Cocine unos minutos, revolviendo con frecuencia.

3. Mezcle bien y cocine unos minutos más.

4. Coloque el pollo en la olla de barro. Vierta la mezcla de cebolla especiada sobre ella.

5. Vierta el caldo de pollo; agregue vinagre y sal. Cubra con la tapa y deje que se cocine lentamente durante 7 horas a temperatura baja.

6. Tostar las pitas unos 10 minutos o hasta que estén crujientes. Corta las pitas en gajos pequeños. Servir con pollo cocido.

Jugosas alitas de pollo a la naranja

(Listo en aproximadamente 7 horas | Porciones 8)

Ingredientes

- 1/4 taza de vinagre de frutas
- 1/4 taza de salsa tamari
- 3 cucharadas de melaza
- 1 diente de ajo, picado
- 1 cucharadita de jengibre molido
- 3 cucharadas de jugo de naranja
- 2 libras. alitas de pollo
- 4 cucharaditas de harina de maíz
- 1 cucharada de agua
- 2 cucharadas de perejil fresco, picado

Direcciones

1. En una taza medidora o un tazón para mezclar, mezcle el vinagre de frutas, la salsa tamari, la melaza, el ajo, el jengibre y el jugo de naranja.

2. Coloque las alas en una olla de barro. Vierta la salsa de naranja sobre las alas; revuelva suavemente para combinar. Cocine a fuego lento durante 6 a 7 horas.

3. En un tazón pequeño, mezcle la harina de maíz y el agua. Agregue la olla de barro.

4. Tape y cocine hasta que su salsa se haya espesado. Espolvorea con perejil fresco y sirve tibio o a temperatura ambiente.

Drumettes de pollo sabroso

(Listo en aproximadamente 7 horas | Porciones 6)

Ingredientes

- 1 taza de manzanas, en cubos
- 1/2 cucharadita de pimienta negra molida
- Sal al gusto
- 1 cucharada de jugo de limón
- 1 cucharadita de cáscara de limón
- 1/4 cucharadita de jengibre rallado
- 1 diente de ajo picado
- 1/2 taza de miel de abeja
- 1/2 taza de salsa de soya
- 1 cucharadita de mostaza criolla
- 10-12 muslos de pollo

Direcciones

1. Para hacer la salsa: en un tazón mediano, combine todos los ingredientes, excepto los muslos de pollo. Mezcle bien para combinar.

2. A continuación, enjuague los muslos de pollo con agua corriente fría y escúrralos.

3. Arregle los muslos de pollo en su olla de barro; vierta la salsa sobre él.

4. Tape y cocine a fuego lento aproximadamente 7 horas. ¡Sirve caliente y disfruta!

Bocaditos de Kielbasa con salsa de tomate y mostaza

(Listo en aproximadamente 5 horas | Porciones 6)

Ingredientes

- 2 tazas de pasta de tomate
- 2 cucharadas de salsa de tomate
- 1/2 taza de miel de abeja
- 1 cucharada de salsa de soja
- 1 cucharada de jugo de naranja
- 1 cucharadita de mostaza
- 1 chile, picado
- 1 taza de chalotes, finamente picados
- 1/2 taza de bourbon
- 2 libras de kielbasa, cortada en rodajas de 1/2 pulgada de grosor

Direcciones

1. Coloca todos los ingredientes en la olla de barro.
2. Cubra con la tapa y cocine a fuego lento durante unas 5 horas.
3. Sirva caliente con palitos de cóctel y un poco de mostaza extra.

Increíbles bocados de campo

(Listo en aproximadamente 3 horas | Porciones 12)

Ingredientes

- 2 ½ tazas de salchichas ahumadas en miniatura
- 1 libra de salchicha polaca, cortada en rebanadas de 1/2 pulgada
- 2 tazas de salsa BBQ a elección
- 1 cucharadita de estragón seco
- 1 cucharadita de hojas secas de albahaca
- 1 cucharadita de mostaza
- 2/3 taza de mermelada de naranja

Direcciones

1. Coloque las salchichas ahumadas y la salchicha polaca en una olla de barro.

2. En un tazón mediano para mezclar, o una taza medidora, mezcle el resto de los ingredientes. Vierta la salsa en la olla de barro.

3. Cubra la olla de barro y cocine hasta que se caliente por completo o aproximadamente 3 horas.

4. Servir con palitos de cóctel o palillos de dientes.

Dulces bocados calientes

(Listo en aproximadamente 4 horas | Porciones 8)

Ingredientes

- 1 ½ libras de salchicha menonita, cortada en rodajas
- 2 hojas de laurel
- 1 cucharadita de mostaza
- 2 cucharaditas de salsa picante Sriracha
- 1 taza de mermelada de albaricoque

Direcciones

1. Coloca la salchicha en tu olla de barro. Luego, agregue las hojas de laurel.

2. En una taza medidora, combine los ingredientes restantes. Batir hasta que todo esté bien combinado. Agregue a la olla de barro preparada.

3. Tape y cocine a fuego alto durante unas 4 horas.

4. Inserte un palillo en cada una de las salchichas y transfiéralas a una fuente para servir.

Salchicha ahumada picante

(Listo en aproximadamente 6 horas | Porciones 8)

Ingredientes

- 1 lata (15.25 onzas) de golosinas de piña, escurridas y con el jugo reservado
- 2 cucharadas de vinagre de sidra de manzana
- 1/2 taza de jarabe de arce
- 1/3 taza de agua
- 1 ½ cucharadita de mostaza integral
- 2 cucharadas de harina de maíz
- 1 libra de mini salchichas ahumadas

Direcciones

1. Escurrir los bocaditos de piña, reservando el jugo.

2. En un tazón mediano, mezcle el jugo de piña reservado, el vinagre de sidra de manzana, el jarabe de arce, el agua y la mostaza; agregue la harina de maíz.

3. Vierta la mezcla en la olla de barro.

4. Agregue las golosinas de piña reservadas y las salchichas; revuelva suavemente para combinar.

5. Cubra y cocine a temperatura baja aproximadamente 6 horas.

Bocadillo de salchicha con queso y mini pitas

(Listo en aproximadamente 4 horas | Porciones 10)

Ingredientes

- 2 ½ libras de salchicha ahumada, cortada en trozos pequeños de 1/4 de pulgada
- 2-3 dientes de ajo picados
- 2 libras de queso crema, desmenuzado
- 1 ½ tazas de tomates enlatados cortados en cubitos, escurridos
- 1 cucharada de comino molido
- 1 cucharadita de pimentón ahumado
- 1 taza de crema agria
- 2 cucharadas de mayonesa
- 1/2 taza de perejil fresco, picado
- Mini pitas, como guarnición

Direcciones

1. En una sartén mediana, dore las salchichas unos 5 minutos. Agregue el ajo picado y saltee 3 minutos adicionales.

2. Transferir a la olla de barro. Agregue el resto de los ingredientes y revuelva para cubrir las salchichas; cubra con la tapa.

3. Cocine a fuego lento durante 4 horas a temperatura alta. ¡Sirve con mini pitas y disfruta!

Dip De Salchicha De Tomate Y Pimienta

(Listo en aproximadamente 4 horas | Porciones 12)

Ingredientes

- 1 libra de salchicha a granel
- 2-3 cebolletas
- 1 taza de queso crema, desmoronado
- 1 ½ taza de tomates enlatados, cortados en cubitos
- 1 jalapeño, picado
- 1 cucharadita de hojas de orégano seco
- 1 cucharadita de hojas secas de albahaca
- 1 cucharadita de romero seco
- 2-3 cucharadas colmadas de cebollino picado, como guarnición
- Patatas fritas, como guarniclón

Direcciones

1. Caliente una sartén antiadherente grande; luego, saltee las salchichas y las cebolletas hasta que las cebollas estén tiernas y transparentes.

2. Transferir a la olla de barro. Luego, agregue el resto de los ingredientes, excepto el cebollino y las papas fritas.

3. Cocine a fuego lento durante 4 horas o hasta que todo esté bien caliente.

4. Transfiera a un tazón agradable para servir y espolvoree con cebollino fresco picado; servir con papas fritas.

Bocaditos De Salchicha Ahumada De Fiesta

(Listo en aproximadamente 3 horas | Porciones 16)

Ingredientes

- 16 onzas de salchicha ahumada, cortada en rodajas del tamaño de un bocado
- 1 ½ tazas de salsa barbacoa
- 2 cucharadas de vinagre de sidra de manzana
- 1 taza de mermelada de ciruela
- 1 cucharadita de mostaza seca
- 1 chile poblano, picado
- palillos decorativos

Direcciones

1. En una sartén grande y pesada, cocine las salchichas hasta que estén doradas. Vuelva a colocar en la olla de barro.

2. En un tazón, combine la salsa barbacoa, el vinagre de sidra de manzana, la mermelada de ciruela, la mostaza seca y el chile poblano picado.

3. Cocine tapado a temperatura alta durante unas 3 horas. ¡Sirve estos deliciosos bocados de salchicha con palillos decorativos y disfruta!

Bocados de fiesta picantes de verano

(Listo en aproximadamente 2 horas | Porciones 12)

Ingredientes

- 1/4 taza de vino tinto seco
- 1 taza de jugo de piña fresca
- 1 cucharadita de comino en polvo
- 1 cucharadita de ajo en polvo
- 1 cucharada de hojuelas de cebolla seca
- 2 cucharadas de harina para todo uso
- 1 cucharada de mostaza seca
- 1/2 taza de jarabe de arce
- 2 libras de salchicha de elección, cortada en rodajas del tamaño de un bocado

Direcciones

1. Coloca todos los ingredientes en tu olla de barro.
2. Revuelva suavemente para combinar.
3. Cocine tapado a fuego alto por lo menos 2 horas. Pasar a una fuente de servir y servir con palitos de cóctel.

Aperitivo Salchichas Salsas

(Listo en aproximadamente 4 horas | Porciones 20)

Ingredientes

- 1 taza de salsa barbacoa de elección
- 1 cucharada de mostaza marrón picante
- 2 tazas de salsa de arándanos en gelatina
- 1 cucharadita de comino molido
- 1 cucharadita de chile en polvo
- 2 libras de cóctel frankfurt

Direcciones

1. En su olla de barro, coloque todos los ingredientes y revuelva suavemente para cubrir bien las salchichas.
2. Ponga la olla de barro a fuego alto y cocine lentamente las salchichas durante 4 horas.
3. Transfiera a un plato para servir y sirva con crema agria, ketchup o mostaza.

Salsa Chipotle Kielbasa

(Listo en aproximadamente 4 horas | Porciones 6)

Ingredientes
- 2 cucharadas de aceite de oliva
- 2 kielbasa polaca, desmoronadas
- 1 cebolla mediana, picada
- 2 chiles chipotles, picados
- Sal marina al gusto
- 1/2 cucharadita de pimienta negra molida
- 1 cucharadita de pimienta de cayena
- 2 cucharadas de harina
- 1 ½ tazas mitad y mitad
- 1 taza de queso fuerte, rallado
- 1/2 taza de queso crema

Direcciones

1. Comience calentando el aceite en una sartén pesada. Saltee la kielbasa y las cebollas a fuego medio; cocina durante unos 10 minutos hasta que las cebollas estén transparentes y la kielbasa esté dorada.

2. Transferir a la olla de barro. Agregue el resto de los ingredientes y ajuste su olla de barro a fuego alto.

3. Cocine a fuego lento durante unas 4 horas o hasta que la mezcla esté completamente caliente. Sirva con sus aderezos favoritos, como pan crujiente, galletas saladas, palitos de pan o picatostes.

Albóndigas de aperitivo calientes y picantes

(Listo en aproximadamente 4 horas | Porciones 16)

Ingredientes

- 1/2 taza de vinagre de sidra de manzana
- 1/2 taza de agua
- 1 cucharadita de sal marina fina
- 1 cucharadita de pimienta negra molida
- 1 cucharadita de estragón seco
- 1 cucharadita de romero seco
- 1 taza de azúcar moreno
- 1 taza de salsa de tomate
- 1 cucharada de salsa de soja
- 2 cucharadas de mostaza
- Unas gotas de salsa picante
- 18 onzas de conservas de cereza
- 32 onzas de albóndigas, congeladas

Direcciones

1. En su olla de barro, combine todos los ingredientes; revuelva suavemente para combinar bien.

2. Ponga la olla de barro a fuego alto; cocine sin tapar durante 3 a 4 horas.

3. ¡Sirve con palillos decorativos y disfruta!

Queso de fiesta favorito

(Listo en aproximadamente 2 horas | Porciones 16)

Ingredientes

- 4 tazas de latas de frijoles refritos
- 1/2 chiles verdes enlatados, picados
- 1/2 taza de vino blanco
- 1/2 taza de agua
- 1 cucharadita de hojas secas de albahaca
- 1 cucharadita de hojuelas de cebolla seca
- 1/2 cucharadita de ajo en polvo
- 1 taza de cerveza
- 2 tazas de salsa de queso casera
- 1/2 taza de perejil fresco, picado

Direcciones

1. En un tazón grande para mezclar, combine todos los ingredientes, excepto la cerveza, la salsa de queso y el perejil.

2. Mezcle bien hasta que la mezcla se vuelva cremosa y suave. A continuación, agregue la cerveza y la salsa de queso.

3. Cocine a fuego lento durante 2 horas a fuego lento. Espolvorea con perejil fresco y sirve con chips de tortilla o pan crujiente.

Dip delicioso del Super Bowl

(Listo en aproximadamente 8 horas | Porciones 6)

Ingredientes
- 2 cucharadas de mantequilla, derretida
- 2 cebollas rojas, finamente picadas
- 1/2 cucharadita de sal sazonada
- 1 taza de crema agria
- 1 cucharadita de semillas de apio
- 1/2 cucharadita de ajo en polvo
- 1 cucharadita de comino molido
- 1/2 taza de mayonesa

Direcciones
1. Coloque la mantequilla, las cebollas y la sal sazonada en su olla de barro.
2. Cocine a fuego lento durante 8 horas a temperatura alta, hasta que las cebollas estén tiernas y doradas.
3. Drene cualquier líquido. Incorpora los ingredientes restantes; revuelve hasta que todo esté bien mezclado; ¡Disfruta del Súper Tazón!

Dip para complacer a la multitud de mamá

(Listo en aproximadamente 2 horas | Porciones 6)

Ingredientes

- 1/2 taza de mayonesa
- 1 taza de queso crema, desmoronado
- 1/4 taza de rábano picante preparado
- 2 cucharadas de leche
- 1 cucharadita de sal marina fina
- 1/2 cucharadita de pimienta negra molida
- Semillas de sésamo tostadas, como guarnición

Direcciones

1. En un tazón mediano, combine la mayonesa, el queso crema, el rábano picante y la leche. Mezclar hasta que todo esté bien incorporado.

2. Sazone con sal y pimienta negra molida.

3. Luego, vierta la mezcla en su olla de barro, cocine tapado durante 2 horas a fuego lento hasta que el queso se derrita y se caliente por completo.

4. Espolvorea con semillas de sésamo y sirve con tus salsas favoritas, como palitos de pan o papas fritas.

Dip delicioso del día del juego

(Listo en aproximadamente 4 horas | Porciones 8)

Ingredientes

- 1 taza de queso crema
- 10 onzas de pollo en trozos, escurrido
- 1/2 taza de vino blanco seco
- 3/4 taza de salsa picante
- 3/4 tazas de queso cheddar, rallado
- Sal marina, al gusto

Direcciones

1. Agregue todos los ingredientes a su olla de barro.
2. Encienda la olla de barro y cocine a fuego lento durante 4 horas. ¡Sirva con pan crujiente o palitos de verduras y disfrute!

Dip De Tomate Secado Al Sol

(Listo en aproximadamente 2 horas y 30 minutos | Porciones 18)

Ingredientes
- 1 taza de agua hirviendo
- 1/4 taza de tomates secados al sol
- 1 ½ tazas de corazones de alcachofa enlatados, escurridos y picados
- 1/2 taza de leche
- 1 taza de crema agria
- 1 ½ tazas de queso crema, desmenuzado
- 3/4 taza de queso fuerte, rallado light
- 1/2 taza de mayonesa
- 1-2 dientes de ajo picados
- Sal sazonada, al gusto
- 1/2 cucharadita de pimienta negra molida

Direcciones

1. En un tazón mediano, vierta agua hirviendo; agregue los tomates secados al sol y déjelos en remojo hasta que estén suaves o durante 1 hora. Escurra y vuelva a colocar en su olla de barro.

2. Agregue el resto de los ingredientes a la olla de barro. Tape y cocine a fuego lento durante aproximadamente 1 hora y media.

3. ¡Sirve con los cazos de tu elección y disfruta!

Dip De Carne Molida Y Queso De Aceitunas

(Listo en unas 4 horas | Porciones 32)

Ingredientes

- 1/2 libra de carne molida
- 1/2 libra de cerdo molido
- 1 pimiento dulce de tamaño mediano, picado
- 2 a 3 cebolletas, picadas
- 1 taza de frijoles enlatados
- 2 tazas de queso mozzarella, rallado
- 1 taza de salsa
- 2 tazas de queso cheddar, rallado
- 1/2 taza de aceitunas sin hueso en aceite

Direcciones

1. En una sartén antiadherente grande, cocina la carne de res, cerdo, pimiento y cebolla a fuego medio; cocine hasta que las verduras estén tiernas y la carne molida ya no esté rosada; drenar.

2. Transferir a la olla de barro.

3. Agrega el resto de los ingredientes. Cubra y cocine durante 3 a 4 horas a temperatura baja; ¡sirva con los cazos de su elección y disfrute!

Aperitivo De Champiñones Con Salsa De Cerveza

(Listo en aproximadamente 3 horas | Porciones 4)

Ingredientes

- 1 cucharada de aceite de canola
- 2 libras de champiñones
- 2 dientes de ajo, picados
- 1 cucharadita de sal sazonada
- 1/2 cucharadita de pimienta negra molida
- 1 cucharadita de eneldo seco
- 1/4 taza de cerveza sin alcohol

Direcciones

1. Coloca todos los ingredientes en tu olla de barro.
2. Tape y cocine de 2 a 3 horas a temperatura alta.
3. Transfiera a una fuente para servir, espolvoree con perejil fresco o cilantro y sirva.

Aperitivo de champiñones picantes con hierbas

(Listo en aproximadamente 2 horas | Porciones 10)

Ingredientes

- 3 libras de champiñones cremini
- 1 libra de mantequilla
- 1 cucharadita de sal sazonada
- 1 cucharadita de romero seco
- 1 cucharadita de hojas secas de albahaca
- 1 cucharadita de hojas de orégano seco
- 1/2 cucharadita de cebolla en polvo
- 1/2 cucharadita de ajo en polvo

Direcciones

1. Limpie los champiñones cremini y colóquelos en su olla de barro.
2. Agregue el resto de los ingredientes y cocine aproximadamente 2 horas a fuego alto.
3. Sirva con chips de tortilla, mini pitas o palitos de verduras.

Pastel de queso a la antigua

(Listo en aproximadamente 3 horas | Porciones 8)

Ingredientes

- Aerosol antiadherente para cocinar (sabor mantequilla)
- 1 taza de queso crema, ablandado
- 1 barra de mantequilla, ablandada
- 1 paquete (5.1 onzas) de pudín de vainilla instantáneo
- 3 huevos grandes
- 1/2 taza de mitad y mitad sin grasa
- 1 cucharadita de extracto puro de almendras
- 1/2 cucharadita de nuez moscada rallada
- 1 paquete (18 onzas) de mezcla para pastel de mantequilla
- Almendras tostadas, como guarnición

Direcciones

1. Trate el interior de la olla de barro con spray antiadherente para cocinar.

2. Bate el queso crema con la mantequilla en un tazón mediano. Agregue el pudín de vainilla, los huevos, la mitad y la mitad, el extracto de almendras y la nuez moscada rallada.

3. El siguiente paso, incorpora la mezcla para pastel de mantequilla.

4. Coloque la masa preparada en la olla de barro; palméelo ligeramente.

5. Cubrir con la tapa; cocina a fuego alto durante 3 horas o hasta que al insertar un tenedor o una brocheta de madera en el centro, ésta salga limpia.

6. Invierta el pastel en un plato, esparza las almendras encima y sirva.

Budín de pan con higos y cerezas

(Listo en aproximadamente 2 horas | Porciones 4)

Ingredientes

- 2 tazas de leche entera
- 2 huevos grandes
- 1 cucharadita de extracto de vainilla
- 1/2 cucharadita de pimienta de Jamaica
- 1/2 cucharadita de clavo molido
- 1/2 cucharadita de canela
- Una pizca de sal marina
- 1/2 taza de azúcar
- 1/2 taza de higos, picados
- 1/2 taza de cerezas secas
- 2 tazas de cubos de pan
- 1/2 taza de agua caliente

Direcciones

1. En una taza medidora, mezcle la leche, los huevos, el extracto de vainilla, la pimienta de Jamaica, el clavo, la canela, la sal marina y el azúcar.

2. Agregue los higos, las cerezas y los cubos de pan.

3. Vierta la mezcla en una fuente para hornear adecuada que quepa en la rejilla de cocción dentro de la olla de cocción lenta.

4. Vierta el agua caliente en la olla de barro.

5. Tape y cocine 2 horas a temperatura alta. Apague la olla de barro y sirva; puede cubrirlo con salsa de caramelo si lo desea.

Budín de pan con nueces y frutas

(Listo en aproximadamente 2 horas | Porciones 4)

Ingredientes
- 2 huevos, ligeramente batidos
- 2 tazas de leche entera
- Una pizca de sal marina
- 1 cucharadita de extracto puro de almendras
- 1/4 cucharadita de semilla de anís molido
- 1/2 cardamomo
- 1/2 cucharadita de nuez moscada rallada
- 1/2 cucharadita de canela
- 1/2 taza de azúcar moreno
- 1/2 taza de nueces tostadas, picadas
- 1/2 taza de pasas doradas
- 1/2 taza de arándanos secos
- 2 ½ tazas de cubos de pan
- 1/2 taza de agua

Direcciones

1. En un tazón mediano, combine los huevos, la leche, la sal, el extracto de almendras, las semillas de anís, el cardamomo, la nuez moscada, la canela y el azúcar morena. Mezclar bien hasta que todo esté bien incorporado.

2. Agregue las nueces, las pasas doradas, los arándanos secos y los cubos de pan.

3. Transfiere la masa a una fuente para horno. Coloque la fuente para hornear en la rejilla de cocción dentro de la olla de barro; luego, vierta el agua para cubrir el fondo de la olla de barro.

4. Cocine tapado 2 horas en alto. Servir a temperatura ambiente y disfrutar.

Dulce de melocotón de verano

(Listo en aproximadamente 3 horas | Porciones 8)

Ingredientes

- 1 cucharada de aceite de canola
- 2 tazas de duraznos, en rodajas
- 1 cucharada de harina de maíz
- 1/4 taza de azúcar
- 1 cucharadita de extracto de vainilla
- 1 cucharada de melaza
- 1/2 cucharadita de jengibre rallado
- 1/2 cucharadita de canela
- 9 onzas de mezcla para pastel
- 4 cucharadas de margarina, derretida

Direcciones

1. Engrase ligeramente el interior de su olla de barro con 1 cucharada de aceite de canola; luego coloque las rodajas de durazno en el fondo.

2. Espolvorea con harina de maíz; luego, mezcle para cubrir.

3. Espolvorea con azúcar, vainilla, melaza, jengibre rallado y canela. Agregue la mezcla para pastel y rocíe la margarina derretida uniformemente sobre ella.

4. Cubra y cocine a fuego alto unas 3 horas. Apague la olla de barro; ¡Servir y disfrutar!

Pastel De Mantequilla De Plátano Con Coco Y Almendras

(Listo en aproximadamente 4 horas | Porciones 8)

Ingredientes

- 1 barra de mantequilla
- 1 taza de queso crema, ablandado
- 1 taza de azúcar blanca granulada
- 1 cucharada de melaza
- 3 huevos medianos
- 1/2 taza mitad y mitad
- 1 cucharada de jugo de naranja
- 2 plátanos maduros, en rodajas
- 1 1/3 taza de harina para pastel
- 1 cucharadita de bicarbonato de sodio
- 1/2 cucharadita de polvo de hornear
- Una pizca de sal
- una pizca de canela
- Una pizca de cardamomo
- 1/2 taza de almendras picadas
- 1/2 taza de coco rallado, sin azúcar

Direcciones

1. Agregue mantequilla, queso, azúcar, melaza, huevos, mitad y mitad, jugo de naranja y plátanos a un procesador de alimentos. Procesar hasta que todo esté bien combinado.

2. Luego, en un tazón para mezclar separado, combine la harina para pasteles, el bicarbonato de sodio, el polvo para hornear, la sal, la canela y el cardamomo. Revuelva para mezclar bien.

3. Raspe la mezcla cremosa de plátano. Revuelva de nuevo. Incorpore las almendras y el coco.

4. Cubra el fondo de la olla de barro con papel pergamino; vierta la masa preparada.

5. Tape y cocine a fuego lento durante 4 horas.

Tarta campestre de manzana con nueces

(Listo en aproximadamente 4 horas | Porciones 8)

Ingredientes

- 1 taza de queso crema, ablandado
- 1 barra de mantequilla
- 1 taza de azúcar blanca granulada
- 3 huevos, ligeramente batidos
- 1/2 taza de suero de leche
- 2 manzanas ácidas, en rodajas
- 1 1/3 taza de harina de repostería fina
- 1 cucharadita de polvo de hornear
- Sal marina, al gusto
- 1/4 cucharadita de maza molida
- 1/4 cucharadita de pimienta de Jamaica
- 1 taza de nueces picadas

Direcciones

1. Combine queso crema, mantequilla, azúcar, huevos, suero de leche y manzanas en su procesador de alimentos. Licúa hasta que la mezcla esté bien mezclada.

2. El siguiente paso, en otro tazón, combine la harina de repostería fina, el polvo de hornear, la sal marina, la maza y la pimienta de Jamaica. Revuelve para combinar.

3. Raspe la mezcla de manzana. Revuelve para combinar. Incorpore las nueces.

4. Cubra el fondo de la olla de barro con papel pergamino; vierta la masa en la olla de barro.

5. Cocine tapado unas 4 horas a fuego lento.

Pastel de pudín de dátiles

(Listo en aproximadamente 4 horas | Porciones 8)

Ingredientes

- 2 ½ tazas de dátiles, sin hueso y cortados
- 1 cucharadita de bicarbonato de sodio
- 1 2/3 tazas de agua hirviendo
- 2 tazas de azúcar morena envasada
- 1/2 taza de mantequilla, ablandada
- 1 cucharadita de vainilla
- 1/4 cucharadita de nuez moscada rallada
- 1/2 cucharadita de canela
- 3 huevos grandes
- 3 ½ tazas de harina para pastel
- 1 cucharada de levadura en polvo
- 1/4 cucharadita de sal
- Spray antiadherente (sabor mantequilla)

Direcciones

1. En un tazón, coloque los dátiles junto con el bicarbonato de sodio y el agua. Dejar de lado.

2. En un procesador de alimentos, coloca el azúcar moreno y la mantequilla; procesa hasta que quede cremoso y uniforme; luego, continúa procesando agregando vainilla, nuez moscada, canela y huevos.

3. Raspe la mezcla en el tazón y revuelva para mezclar.

4. Agregue la harina para pastel, el polvo de hornear y la sal al tazón para mezclar; revuelva para mezclar.

5. Trata la olla de barro con spray antiadherente. A continuación, vierta la masa en la olla de barro.

6. Cubra y cocine a fuego lento durante 4 horas o hasta que el centro del pastel esté firme. Servir con una cucharada de crema batida.

Pastel de café con naranja de la abuela

(Listo en aproximadamente 2 horas y 30 minutos | Porciones 6)

Ingredientes

- 4 huevos, separados
- 1/4 taza de jugo de naranja fresco
- 1 cucharadita de jengibre rallado
- 1 cucharadita de pimienta de Jamaica
- 1 cucharadita de extracto de vainilla
- 3 cucharadas de mantequilla
- 1 ½ tazas de leche entera
- 1 taza de harina para pastel
- 1/2 taza de azúcar en polvo
- 1/2 taza de azúcar blanca granulada
- una pizca de sal
- una pizca de canela

Direcciones

1. En un procesador de alimentos, combine las yemas de huevo, el jugo de naranja, el jengibre, la pimienta de Jamaica, el extracto de vainilla y la mantequilla; proceso para batir todos los ingredientes juntos.

2. Continúe procesando y agregue lentamente la leche.

3. Agregue el resto de los ingredientes; revuelva para mezclar. Agregue la mezcla de yema de huevo al tazón.

4. En un recipiente aparte, bata las claras de huevo hasta que se formen picos rígidos. Doblar en la masa preparada.

5. Transfiere la masa a la olla de barro. Tape y cocine a fuego lento durante 2 ½ horas. ¡Disfrutar!

Compota de invierno favorita

(Listo en aproximadamente 6 horas | Porciones 10)

Ingredientes

- 2 manzanas medianas, peladas, sin corazón y rebanadas
- 1 pera mediana, pelada, sin corazón y en rodajas
- 2/3 taza de cerezas secas
- 1 vaina de vainilla
- 1 rama de canela
- 1/2 taza de ciruelas secas
- 1/2 taza de albaricoques secos, cortados a la mitad
- 1 taza de cositas de piña en lata con jugo, sin azúcar
- 1/4 taza de azúcar moreno
- 1/2 taza de jugo de manzana
- 2 cucharadas de jugo de naranja
- 1 lata (21 oz.) de relleno de pastel de durazno

Direcciones

1. Simplemente coloque todos los ingredientes en su olla de barro.
2. Cubra y cocine lentamente a fuego lento durante aproximadamente 6 horas.
3. Divida entre diez tazones para servir y sirva tibio o a temperatura ambiente.

Compota de frutos secos todos los días

(Listo en aproximadamente 5 horas | Porciones 10)

Ingredientes
- 4 tazas de albaricoques secos
- 6 onzas de ciruelas secas
- 1 ½ tazas de pasas doradas
- 1/2 tazas de dátiles secos
- 1/2 taza de arándanos secos
- 1/3 taza de higos secos
- 1 cucharadita de ralladura de limón
- 2 tazas de jugo de piña
- 2 tazas de jugo de naranja
- 1 taza de zinfandel blanco
- 1 vaina de vainilla
- 1 grano de canela
- 1/4 cucharadita de semilla de anís

Direcciones

1. Ponga todos los ingredientes en su olla de barro.

2. Luego, cubra con la tapa y cocine durante 4 a 5 horas a temperatura alta.

3. Apague la olla de barro. Divida entre diez tazones para servir; sirva con una bola de helado de vainilla si lo desea.

Pastel de Zanahoria con Avellanas y Pasas Doradas

(Listo en aproximadamente 3 horas 30 minutos | Porciones 12)

Ingredientes

- 3/4 taza de azúcar moreno claro
- 12 cucharadas de mantequilla, temperatura ambiente
- 3 huevos medianos
- 1 cucharada de jugo de limón fresco
- 2 tazas de zanahorias, ralladas
- 1/3 taza de avellanas, picadas en trozos grandes
- 1/3 taza de pasas doradas
- 1 ½ tazas de harina leudante
- 1 cucharadita de polvo de hornear
- Una pizca de sal

Para el glaseado de queso crema:

- 1/3 taza de queso crema, temperatura ambiente
- 1 cucharada de mantequilla, temperatura ambiente
- 1 cucharadita de extracto de almendras
- 1 ½ tazas de azúcar en polvo
- Leche

Direcciones

1. Comience haciendo la masa. En un tazón grande, bata el azúcar moreno y la mantequilla hasta que quede esponjoso; agregue los huevos uno a la vez, batiendo bien.

2. Agregue el jugo de limón, las zanahorias, las avellanas y las pasas doradas. Agregue la harina, el polvo de hornear y la sal.

3. Vierta la masa en un molde desmontable engrasado y enharinado; colóquelo en una rejilla en su olla de barro. Ponga su olla de barro en alto y cocine su pastel alrededor de 3 ½ horas.

4. Mientras tanto, haz el glaseado de queso crema. En un tazón mediano, bata el queso crema, la mantequilla y el extracto de almendras hasta que quede suave; agregue azúcar en polvo y leche para obtener una consistencia espesa de glaseado.

5. Rocíe el pastel de zanahoria con el glaseado de queso crema.

Bizcocho De Jengibre Y Nueces

(Listo en aproximadamente 2 horas | Porciones 6)

Ingredientes
- 1/2 taza de azúcar moreno claro compactado
- 1/4 taza de melaza
- 1/2 taza de calabaza enlatada
- 1/4 taza de margarina, temperatura ambiente
- 1 huevo de tamaño grande
- 1/2 taza de nueces molidas
- 1/2 cucharadita de jengibre rallado
- 1/2 cucharadita de maza molida
- 1 ½ tazas de harina fina para pastel
- 1/2 cucharadita de polvo de hornear
- 1 cucharadita de bicarbonato de sodio

Direcciones

1. Combine el azúcar moreno, la melaza, la calabaza, la margarina y el huevo en un tazón grande para mezclar; mezcle a velocidad media hasta que todo esté bien mezclado.

2. Agregue las nueces, el jengibre, la maza, la harina fina para pasteles, el polvo de hornear y el bicarbonato de sodio; licuar a baja velocidad hasta que la mezcla se humedezca.

3. Vierta su masa en dos latas engrasadas y enharinadas. Coloque las latas en la olla de barro; cubra y cocine a fuego alto hasta que un palillo de madera insertado en el pastel salga limpio o alrededor de 2 horas.

4. Dejar enfriar 10 minutos antes de cortar y servir.

Pastel de pan de jengibre de invierno

(Listo en aproximadamente 5 horas | Porciones 12)

Ingredientes
- 1 ½ tazas de harina para pastel
- 1/2 taza de harina para todo uso
- 1/2 cucharadita de bicarbonato de sodio
- 1/2 cucharadita de polvo de hornear
- 1 cucharadita de jugo de limón
- 1/2 cucharadita de canela molida
- 1/4 cucharadita de sal kosher
- 1/4 cucharadita de pimienta de Jamaica
- 8 cucharadas de margarina, temperatura ambiente
- 3/4 taza de azúcar moreno
- 2/3 taza de melaza
- 1/2 taza de leche entera
- 1 huevo grande, ligeramente batido

Direcciones

1. Combine la harina para pasteles, la harina para todo uso, el bicarbonato de sodio y el polvo de hornear en un tazón grande.

2. Combine el jugo de limón, la canela, la sal, la pimienta de Jamaica, la margarina, el azúcar y la melaza; cocine en el microondas a temperatura alta hasta que la margarina se derrita por completo, alrededor de 1 a 2 minutos.

3. Agregue la mezcla de margarina a la mezcla de harina, mezcle la leche y el huevo; mezclar para combinar.

4. Vierta la masa preparada en un molde para hornear engrasado y enharinado; colóquelo en una rejilla en su olla de barro. Cubra y cocine a fuego alto durante unas 5 horas o hasta que al insertar un palillo de madera en el centro del pastel, éste salga limpio.

5. Rocíe con glaseado de queso crema y sirva.

Puré de manzana genovés con glaseado de mantequilla

(Listo en aproximadamente 3 horas | Porciones 12)

Ingredientes

Para el Pastel:

- 1/2 taza de mantequilla, temperatura ambiente
- 1 cucharada de melaza
- 1 cucharada de jugo de naranja
- 3/4 taza de azúcar blanca granulada
- 1 huevo
- 3/4 taza de compota de manzana
- 1 taza de harina de repostería
- 1/2 taza de harina de trigo integral
- 1 cucharada de levadura en polvo
- 1/2 cucharadita de nuez moscada rallada
- 1/4 cucharadita de clavo molido
- 1/2 cucharadita de canela molida
- 1/2 cucharadita de sal
- 1/2 cucharadita de bicarbonato de sodio

Para el glaseado de mantequilla:

- 1/2 cucharadita de extracto de mantequilla
- 1 taza de azúcar en polvo
- Leche

Direcciones

1. Bate la mantequilla, la melaza, el jugo de naranja y el azúcar blanco en un tazón grande para mezclar hasta que la mezcla esté bien mezclada; agregue el huevo y el puré de manzana.

2. Combina el resto de los ingredientes para el pastel. Añadir al bol.

3. Vierta la masa en un molde para pastel de 6 tazas engrasado y enharinado; coloque la sartén sobre una rejilla en la olla de barro.

4. Cubra y cocine a fuego alto durante unas 3 horas, hasta que al insertar un palillo de madera en el centro del pastel, éste salga limpio.

5. Mientras tanto, combine todos los ingredientes para el glaseado de mantequilla. Mezclar para hacer una consistencia de glaseado.

6. Invertir sobre una rejilla y dejar enfriar completamente antes de servir.

Pastel de mantequilla de maní con chocolate fácil

(Listo en aproximadamente 2 horas | Porciones 12)

Ingredientes
- 1/3 taza de margarina
- 1/3 taza de azúcar moreno claro
- 2 huevos medianos
- 1/2 taza de mantequilla de maní
- 1/2 taza de crema agria
- 1 2/3 tazas de harina leudante
- Una pizca de sal marina
- 1/2 taza de bocaditos de chocolate

Direcciones

1. Bate la margarina y el azúcar moreno claro en un tazón hasta que quede esponjoso; agregue los huevos y mezcle bien para combinar. Agregue la mantequilla de maní y la crema agria.

2. Agregue harina leudante, sal marina y trocitos de chocolate.

3. Vierta la masa en un molde para pastel de 6 tazas engrasado y enharinado; colocar sobre una rejilla en una olla de barro.

4. Cocine lentamente a fuego alto de 2 a 2 ½ horas.

5. Sirva con salsa de chocolate si lo desea. ¡Disfrutar!

Delicioso Postre Streusel De Manzana

(Listo en aproximadamente 8 horas | Porciones 8)

Ingredientes

Para el Pastel:
- 6 tazas de manzanas ácidas, sin corazón, peladas y rebanadas
- 1 cucharadita de nuez moscada rallada
- 1/2 cucharadita de maza molida
- 1 cucharadita de canela molida
- 1 cucharada de jugo de limón fresco
- 3/4 taza de leche
- 2 cucharadas de aceite de canola
- 3/4 taza de azúcar en polvo
- 2 huevos batidos
- 1 cucharadita de vainilla pura
- 1/2 taza de mezcla para hornear

Para la guarnición:
- 1 taza de mezcla para hornear
- 1/3 taza de azúcar
- 1 cucharada de miel
- 3 cucharadas de margarina, fría

- 1/2 taza de nueces, picadas en trozos grandes

Direcciones

1. En un tazón grande, mezcle las rodajas de manzana con nuez moscada, macis y canela, rocíe con jugo de limón y colóquelo en una olla de barro engrasada.

2. En un tazón pequeño separado, combine la leche, el aceite, el azúcar en polvo, los huevos batidos, la vainilla y la mezcla para hornear. Vierta esta mezcla sobre las manzanas en la olla de barro.

3. Combine todos los ingredientes para la cobertura en un tazón.

4. Cocine a fuego lento durante unas 8 horas. Sirva con crema batida si lo desea.

Pudín de pastel de calabaza de vacaciones

(Listo en aproximadamente 7 horas | Porciones 8)

Ingredientes

- Aceite en aerosol antiadherente
- 2 tazas de calabaza enlatada
- 1 ½ tazas de leche entera
- 3/4 taza de azúcar moreno
- 1/2 taza de mezcla para galletas
- 2 huevos medianos, batidos
- 2 cucharadas de margarina, derretida
- 1 cucharadita de jengibre rallado
- 2 cucharaditas de extracto de vainilla
- 2 ½ cucharaditas de especias para pastel de calabaza
- Cobertura batida, como guarnición

Direcciones

1. Cubra el interior de una olla de barro con spray antiadherente para cocinar.

2. En un tazón grande para mezclar, combine todos los ingredientes, excepto la cobertura batida. Transferir a la olla de barro. Cocine a fuego lento durante 7 horas. Servir con cobertura batida.

Pastel de Cacao con Helado de Vainilla

(Listo en aproximadamente 3 horas | Porciones 4)

Ingredientes

- 4 huevos medianos
- 1/2 taza de mantequilla, derretida
- 1/2 cucharadita de extracto de menta pura
- 2 cucharaditas de vainilla
- 1 ½ tazas de azúcar blanca granulada
- 1 taza de harina de repostería
- 1/2 taza de cacao para hornear
- 1 cucharada de gránulos de café instantáneo
- Una pizca de sal
- Helado de vainilla, como guarnición

Direcciones

1. En un tazón grande para mezclar, combine los huevos, la mantequilla, el extracto de menta, la vainilla y el azúcar blanca hasta que la mezcla se mezcle.

2. En un recipiente aparte, mezcle la harina de repostería, el cacao, los gránulos de café y la sal.

3. Transferir a una olla de barro engrasada. Cocine tapado a fuego lento durante 3 horas.

4. Si lo desea, sirva el pastel tibio con helado de vainilla.

Pastel de cereza fácil todos los días

(Listo en aproximadamente 3 horas | Porciones 12)

Ingredientes

- 1 paquete (18 onzas) de mezcla para pastel amarillo
- 1/2 taza de mantequilla
- 1 lata (21 onzas) de relleno de pastel de cerezas
- una pizca de canela
- 1 cucharadita de cáscara de limón

Direcciones

1. Combine la mezcla para pastel con la mantequilla en un tazón grande para mezclar.
2. Coloque el relleno de pastel de cereza en su olla de barro. Espolvorea la mezcla de pastel sobre el relleno de pastel de cereza. Espolvorear con canela y ralladura de limón.
3. Cubra con la tapa y cocine a fuego lento durante 3 horas. Espolvorear con azúcar blanca granulada y servir.

Caramelo De Chocolate Con Almendras Y Pecanas

(Listo en aproximadamente 3 horas | Porciones 12)

Ingredientes

- 2 tazas de pecanas, picadas
- 2 tazas de almendras tostadas
- 1 paquete (12 onzas) de bocados de chocolate semidulce
- 1/2 taza de barras de chocolate
- 32 onzas de corteza de almendra blanca

Direcciones

1. Coloque las nueces y las almendras en el fondo de la olla de barro.
2. Coloque los otros ingredientes sobre las nueces.
3. Cocine a fuego lento durante unas 2 horas.
4. Luego, coloca los dulces en moldes para cupcakes. Deje que se enfríe por completo antes de servir o almacenar.

Salsa De Manzana Con Pecanas

(Listo en aproximadamente 6 horas | Porciones 8)

Ingredientes

- 1 cucharada de mantequilla sin sal
- 4 libras de manzanas, sin corazón y rebanadas
- 1/2 taza de azúcar moreno
- 1/2 cucharadita de jengibre rallado
- 1/2 cucharadita de canela
- 1 taza de agua
- 1 cucharada de jugo de limón
- 1 cucharada de pecanas finamente picadas

Direcciones

1. Ponga todos los ingredientes en la olla de barro.
2. Tape y cocine a fuego lento durante 6 horas.
3. Adorne con crema batida ligeramente endulzada.

Delicia familiar de avena y manzana

(Listo en aproximadamente 2 horas y 30 minutos | Porciones 8)

Ingredientes

- 1 taza de avena
- 1 taza de azúcar
- 1 cucharada de melaza
- 1/3 taza de harina para todo uso
- 1 cucharada de jugo de limón fresco
- 1 cucharadita de pimienta de Jamaica
- 1/2 cucharadita de extracto de almendras
- 1 cucharadita de extracto de vainilla
- 1/2 taza de mantequilla, derretida
- 1/2 taza de almendras
- 6 manzanas, peladas, sin corazón y rebanadas

Direcciones

1. En un tazón mediano, combine la avena con el azúcar, la melaza, la harina y el jugo de limón.

2. Agregue pimienta de Jamaica, extracto de almendras, extracto de vainilla, mantequilla y almendras a la mezcla de avena.

3. Ponga la mitad de las manzanas en la olla de barro; después de eso, coloca la mitad de la mezcla de avena encima.

4. Luego, coloque la 1/2 restante de manzanas y cubra con el resto de la mezcla de avena.

5. Cocine lentamente a fuego alto de 2 a 2 ½ horas. ¡Sirve con un látigo fresco y disfruta!

Bananas Foster con Helado de Vainilla

(Listo en aproximadamente 1 hora y 10 minutos | Porciones 4)

Ingredientes

- 1/2 taza de mantequilla
- 1/4 taza de azúcar moreno
- 6 plátanos frescos, en rodajas
- 1/4 taza de ron
- Helado de vainilla, como guarnición

Direcciones

1. Derrita la margarina en la olla de barro a fuego lento, unos 10 minutos.
2. Agregue azúcar moreno, rodajas de plátano y ron.
3. Cocine a fuego lento durante 1 hora.
4. Vierta sobre helado de vainilla y sirva.

Manzanas especiadas con grosellas

(Listo en aproximadamente 2 horas | Porciones 6)

Ingredientes

- 6 manzanas grandes, sin corazón, peladas y rebanadas
- 1 taza de grosellas
- 1/4 taza de azúcar moreno claro
- 1 taza de azúcar
- 1/4 cucharadita de nuez moscada
- 1/2 cucharadita de maza molida
- 1 canela
- 3 cucharadas de harina de maíz
- 4 cucharadas de mantequilla, rebanada

Direcciones

1. Ponga todos los ingredientes, excepto la mantequilla, en la olla de barro; revuelva bien; luego, coloque rebanadas de mantequilla encima.
2. Cocine a fuego alto durante 2 horas.
3. ¡Servir y disfrutar!

Zapatero de manzana y nuez

(Listo en aproximadamente 3 horas | Porciones 6)

Ingredientes
- 1 lata (21 onzas) de relleno de pastel de manzana
- 1 paquete (18 onzas) de mezcla para pastel amarillo
- 1/2 taza de nueces molidas
- 1 cucharadita de maza molida
- 1/2 taza de margarina derretida

Direcciones
1. Coloque el relleno de pastel de manzana en la olla de barro.
2. Mezcle los ingredientes restantes.
3. Coloque la mezcla sobre el relleno de tarta de manzana en la olla de barro.
4. Cocine a fuego lento durante 3 horas.

26. Zapatero de cerezas con natillas

(Listo en aproximadamente 2 horas | Porciones 6)

Ingredientes

- Aceite en aerosol antiadherente
- 1 lata (21 onzas) de relleno de pastel de cerezas
- 1 taza de harina para todo uso
- 1/4 taza de azúcar
- 1/4 taza de margarina, derretida
- 1/2 taza de leche
- 1 cucharadita de bicarbonato de sodio
- 1/2 cucharadita de polvo de hornear
- Sal al gusto
- 1 cucharadita de licor con sabor a cereza
- 1 taza de piñones tostados, picados
- Crema pastelera para decorar

Direcciones

1. Engrase ligeramente el interior de una olla de barro con aceite en aerosol antiadherente.

2. Coloque el relleno de tarta de cerezas en la olla de barro engrasada. Para hacer la masa, en un tazón grande, combine el resto de los ingredientes, excepto las natillas.

3. Extienda la masa sobre el relleno de tarta de cerezas. Cubrir en alto durante 2 horas.

4. Apague la olla de barro. Servir con crema pastelera y disfrutar.

Pastel de melocotón de verano

(Listo en aproximadamente 8 horas | Porciones 6)

Ingredientes

- 1/2 taza de azúcar
- 2 cucharaditas de mantequilla, derretida
- 2 huevos medianos
- 1 ½ tazas de leche evaporada
- 3/4 taza de mezcla blanca para hornear
- 2 tazas de duraznos, en puré
- 1 cucharada de jugo de limón fresco
- 1/2 cucharadita de maza molida
- 3/4 cucharadita de pimienta de Jamaica

Direcciones

1. Aceite su olla de barro con aceite en aerosol antiadherente.
2. Combine el resto de los ingredientes en un tazón para mezclar.
3. Vierta en la olla de barro. Cocine a fuego lento durante 8 horas.
4. Apague su olla de barro; ¡Servir y disfrutar!

Peras con salsa de miel del país

(Listo en aproximadamente 2 horas y 30 minutos | Porciones 6)

Ingredientes
- 6 peras, peladas y sin corazón
- 1/2 taza de azúcar moreno
- 1/4 taza de miel
- 1 cucharada de mantequilla, derretida
- 1 cucharadita de ralladura de limón
- 1/2 cucharadita de maza molida
- 1/4 cucharadita de jengibre molido
- 1 cucharada de harina de maíz
- 2 cucharadas de jugo de limón

Direcciones

1. Coloque las peras en posición vertical en una olla de barro.

2. En un tazón, mezcle los ingredientes restantes, excepto la harina de maíz y el jugo de limón; vierta la mezcla sobre las peras.

3. Cubra con la tapa y cocine a fuego alto durante 2 ½ horas o hasta que las peras estén tiernas.

4. Retire las peras de la olla de barro y transfiéralas a los platos de postre.

5. Combine la harina de maíz y el jugo de limón; mezclar para combinar; verter en la olla de barro. Cubra y cocine a fuego alto hasta que la salsa se espese o aproximadamente 10 minutos.

6. Apague su olla de barro. Vierta la salsa sobre las peras y sirva.

www.ingramcontent.com/pod-product-compliance
Lightning Source LLC
Chambersburg PA
CBHW071423080526
44587CB00014B/1730